AF210775

Panislamismus und Panarabismus
Auseinandersetzung mit den staatsübergreifenden Ideen
des arabischen Nationalismus als Staatsform im Nahen Osten
Wettstreit zwischen einer laizistischen und islamischen
staatsübergreifenden Staatsform

Panislamismus und Panarabismus
Auseinandersetzung mit den staatsübergreifenden Ideen
des arabischen Nationalismus als Staatsform im Nahen Osten
Wettstreit zwischen einer laizistischen und islamischen
staatsübergreifenden Staatsform

von

Carsten Rasch

Bibliografische Information der Deutschen Nationalbibliothek: Die Deutsche Nationalbibliothek verzeichnet diese Publikation in der Deutschen Nationalbibliografie; detaillierte bibliografische Daten sind im Internet über dnb.dnb.de abrufbar.

© 2025 Carsten Rasch
Verlag: BoD · Books on Demand, Überseering 33,
22297 Hamburg, bod@bod.de
Druck: Libri Plureos GmbH, Friedensallee 273
22763 Hamburg

ISBN: 978-3-8391- 6521-8

„Der Weg aus der momentanen Dunkelheit für unser Volk wegen der eu-ropäische Fremdherrschaft in unserem Land kann nur ein gemeinsamer Weg zur Einheit vom Volk der vielen Gläubigen zu einem gemeinsamen Staat unter der Führung von Gott und seinen Lehren und Regeln sein.“ (…) *„Trotz Reformen und Änderung des Islams kann nur eine Rückkehr zum wahren islamischen Glaubens unsere Zukunft von Gesellschaft und Staat sein.“* (…) *„Gott, Volk und Staat sind eine unzertrennbare Einheit und wichtiger Garant für die Kraft und das Dasein des Islams.“*

Dschamal ad-Din al-Afghani, الوحدة جميع المسلمين
(Einheit alle Muslime), S.34.

„Unsere Freiheit und Selbständigkeit bekommt das arabische Volk nur durch die staatliche Einheit des arabischen Volkes zu einem gemeinsamen Staat ohne den Einfluss des Islams.“ (…) *„Nur der gemeinsame Wille unseres Volkes durch die gemeinsame Kultur und Geschichte sollen unseren Staat prägen.“* (…) *„Eine Prägung von Staat und Gesellschaft für die Ewigkeit“*.

Rifaʿa at-Tahtawi, 2.Mai 1870

Abstract

Das grundlegende Ziel dieser Ausarbeitung ist die beschreibende und analytische Darstellung des Panislamismus und Panarabismus als staatsübergreifende Idee einer Staatsform im Nahen Osten und deren politischen und gesellschaftlichen Abhängigkeit vom arabischen Nationalismus im Prozess der Nationsbildung der Staaten im Nahen Osten. In diesem Kontext wird dargelegt, dass die Schaffung von einem pannationalem Staatengebilde im Sinne einer staatsübergreifenden Staatsform stets erfordert den politischen und gesellschaftlichen unabhängigen Staat auf der Basis einer kollektiven nationalen Identität im Sinne des Nationalismus als Ergebnis der Zusammenführen der Summe von gemeinsamen kulturellen Identitäten zu einem politischen Kollektiv mit bestimmten politischen Werten und Normen als Ordnungsrahmen. Daraus resultiert auch die wissenschaftliche Erkenntnis dieser Ausarbeitung, dass das Scheitern der staatspolitischen Umsetzung der staatsübergreifenden Idee von einer Staatsform im Nahen Osten im Sinne vom Panislamismus und Panarabismus bedingt gewesen ist, und zwar zum einen an den fehlenden arabischen Staatsnationen samt deren Souveränität und zusammenhängenden dadurch an der fehlenden kollektiven nationalen Identität im Sinne des arabischen Nationalismus aufgrund der Besetzung des Nahen Osten durch die europäischen Kolonialstaaten im langen 19.Jahrundert und zum anderen an der politischen, wirtschaftlichen und religiösen Dominanz von einzelstaatlichen Interessen der arabischen Staatsnationen im Nahen Osten und deren staatlichen autoritären Unterdruck einer kollektiven pannationalen Identität im Sinne des arabischen Nationalismus nach der Dekolonisierung von den europäischen Staaten.

Inhaltsverzeichnis

Panislamismus und Panarabismus
Auseinandersetzung mit den staatsübergreifenden Ideen des arabischen Nationalismus als Staatsform im Nahen Osten Wettstreit zwischen einer laizistischen und islamischen staatsübergreifenden Staatsform

1. Einführung in die Thematik

Die europäischen Kolonialmächte eroberten und besetzten bis zum Ende des 19.Jahrhunderts mehrere Gebiete im Nahen Osten. Frankreich eroberte und besetzte einen Großteil von Nordafrika und Westafrika. Großbritannien annektierte Ägypten, Ostafrika, Nigeria, Sudan und den südlichen Teil der Arabischen Halbinsel. Das Russische Zarenreich eroberte und besetzte das Gebiete vom heutigen Kirgisien, Turkmenistan, und Tadschikistan. Das Königreich von Italien hatte Kolonien im heutigen Eritrea und Somalia. Dieses militärische Vordringen der europäischen Kolonialstaaten auf das Gebieten vom Nahen Osten stürzte die islamische Welt in eine tiefe religiöse, gesellschaftliche und auch politische Identitätskrise, denn erstmal seit Jahrhunderten entstand wieder eine unmittelbare Konfrontation zwischen der islamisch-orientierten und christlich-orientierten Welt samt deren kollektiven Vorstellungen von Staat, Demokratie, Religion und Gesellschaft; und damit auch zugleich der direkter Vergleich und letztendlich die deutliche Erkenntnis der islamischen Welt hinsichtlich der momentanen Überlegenheit der europäischen Kolonialmächte gegenüber der islamischen Welt.

Eine unmittelbare Konsequenz dieser tiefen religiösen, gesellschaftlichen und politischen Identitätskrise der islamischen Welt war die Entstehung der Panbewegung in Form des Panislamismus und Panarabismus in der Mitte des 19. Jahrhunderts im Nahen Osten. Der Panislamismus und Panarabismus forderten die politische und gesellschaftliche Einheit aller Muslime im Nahen Osten, umso auch ein religiöses und politisches Gegengewicht gegenüber der Hegemonie

der europäischen Kolonialstaaten in der islamischen Welt zu verwirklichen und dadurch letztendlich die Besetzung und Herrschaft
durch die europäischen Kolonialmächte in der islamischen Welt zu
beenden. Trotz dieser grundlegenden gemeinsamen Zielsetzung
und zugleich auch Entstehungsgrund für den Panislamismus und
Panarabismus, haben die gesellschaftlichen, politischen und religiösen
Maßnahmen vom Panislamismus und Panarabismus hinsichtlich
der Erreichung dieser Zielsetzung einen sehr unterschiedlich Inhalt. Insbesondere sind die Gedanken und Ideen bezüglich der
staatsübergreifenden Staatsform inhaltlich sehr unterschiedlich.
Der Panislamismus als islamische-politische Denkströmung hatte
das staatsübergreifende Ziel der gesellschaftlichen, politischen und
insbesondere religiösen Einheit aller Muslime als Staatsvolk auf
einem gemeinsamen Staatsgebiet unter der Staatsgewalt im Sinne
eines Kalifates aufgrund der kollektiven kulturellen Identität des islamischen Glaubens. Der Panarabismus als kulturelle-politische
Denkströmung hatte das staatsübergreifende Ziel der gesellschaftlichen und politischen Einheit des arabischen Volkes als Staatsvolk
auf einem gemeinsamen Staatsgebiet im Sinne einer demokratischen
und insbesondere laizistischen Staatsgewalt aufgrund der kollektiven
kulturellen Identität der gemeinsamen Sprache, Geschichte und
Kultur des arabischen Volkes.

In diesem Kontext existieren zwei interessante Aussagen, die die
Gemeinsamkeiten und die Unterscheidungen der staatsübergreifenden Zielsetzung des Panislamismus und Panarabismus noch einmal
verdeutlichen. Eine Aussage ist von Dschamal ad-Din al-Afghani
(1838-1897) als Theoretiker vom Panislamismus und die andere
Aussage ist von Rifaʿa at-Tahtawi (1801-1873) als Theoretiker vom
Panarabismus.

„Der Weg aus der momentanen Dunkelheit für unser Volk wegen der europäische Fremdherrschaft in unserem Land kann nur ein gemeinsamer Weg zur Einheit vom Volk der vielen Gläubigen zu einem gemeinsamen Staat unter der Führung von Gott und seinen Lehren und Regeln sein." (…) *„Trotz Reformen und Änderung des Islams kann nur eine Rückkehr zum wahren islamischen Glaubens unsere Zukunft von Gesellschaft und Staat sein.*" (…) *„Gott, Volk und Staat sind eine unzertrennbare Einheit und wichtiger Garant für die Kraft und das Dasein des Islams.*"

Dschamal ad-Din al-Afghani, الوحدة جميع المسلمين
(Einheit alle Muslime), S.34.

„Unsere Freiheit und Selbständigkeit bekommt das arabische Volk nur durch die staatliche Einheit des arabischen Volkes zu einem gemeinsamen Staat ohne den Einfluss des Islams." (…) *„Nur der gemeinsame Wille unseres Volkes durch die gemeinsame Kultur und Geschichte sollen unseren Staat prägen.*" (…) *„Eine Prägung von Staat und Gesellschaft für die Ewigkeit".*

Rifaʿa at-Tahtawi, 2.Mai 1870

Inwieweit diese zentralen Aussagen der staatsübergreifenden Idee vom Panislamismus und Panarabismus von den beiden Theoretikern sich in ihrer Gegenwart und unserer Geschichte und ihrer Zukunft und unserer Gegenwart bestätigt haben, werden die nachfolgenden Ausführungen dieser Ausarbeitung nach objektiven wissenschaftlichen Standards plausibel beschreibend und analysierend darlegen.

2. Problemstellung / Fragestellungen / Thesen / Forschungsstand

Die Ausarbeitung mit dem Arbeitstitel *„Panislamismus und Panarabismus - Auseinandersetzung mit den staatsübergreifenden Ideen des arabischen Nationalismus als Staatsform im Nahen Osten – Wettstreit zwischen einer laizistischen und islamischen staatsübergreifenden Staatsform"* umfasst folgende Problemstellung:

Panislamismus und Panarabismus als staatsübergreifende Idee einer Staatsform im Nahen Osten und deren politischen und gesellschaftlichen Abhängigkeit vom arabischen Nationalismus im Prozesses der Nationsbildung der Staaten im Nahen Osten

Im Kontext dieser allgemeinen Problemdarstellung erfolgen zehn untergeordnete zusammenhängende Forschungsfragen zur Klärung und vertiefenden Auseinandersetzung der vorliegenden Problemdarstellung. Die vorliegende forschungsleitende Problemstellung führt zu den folgenden Forschungsfragen:

Forschungsfrage 1:
Was sind die politischen und islamischen theoretischen Grundaussagen der staatsübergreifenden Idee des Panislamismus und Panarabismus am Ende des 19.Jahrhunderts und Beginn des 20.Jahrhunderts?

Forschungsfrage 2:
Was sind die Gemeinsamkeiten und die Unterschiede der politischen und islamischen theoretischen Grundaussagen der staatsübergreifenden Idee des Panislamismus und Panarabismus am Ende des 19.Jahrhunderts und Beginn des 20.Jahrhunderts?

Forschungsfrage 3:

Welche politischen Bewegungen wurden beeinflusst von den politischen und islamischen theoretischen Grundaussagen der staatsübergreifenden Idee des Panislamismus und Panarabismus am Ende des 19.Jahrhunderts und Beginn des 20.Jahrhunderts?

Forschungsfrage 4:

Was ist der arabische Nationalismus?

Forschungsfrage 5:

Was ist die Nationsbildung der Staaten im Nahen Osten während der europäischen Dekolonisierung?

Forschungsfrage 6:

Welche politische und gesellschaftliche Abhängigkeit besteht zwischen dem arabischen Nationalismus und dem Prozesses der Nationsbildung der Staaten im Nahen Osten?

Forschungsfrage 7:

Welche politische und gesellschaftliche Abhängigkeit besteht zwischen Panislamismus und Panarabismus als staatsübergreifende Idee einer Staatsform im Nahen Osten und dem arabischen Nationalismus im Prozesses der Nationsbildung der Staaten im Nahen Osten?

Forschungsfrage 8:

Was sind die wesentlichen Gründe für das Scheitern der staatsübergreifenden Idee des Panislamismus und Panarabismus samt deren staatspolitischen Umsetzung?

Forschungsfrage 9:

Welche politische und islamische Panbewegung
in Form des Panislamismus und Panarabismus
existieren im Kontext des Wettstreites zwischen
einer laizistischen und islamischen staatsübergreifenden Staatsform
gegenwärtig im Nahen Osten?

Forschungsfrage 10:

Welche politische, islamische und gesellschaftliche Zukunft
hat der Neo-Panislamismus und Neo-Panarabismus
und deren staatsübergreifenden Idee im Nahen Osten?

Meine drei aufgestellten Thesen unter Berücksichtigung der vorliegenden Problemstellung erfordert zunächst die Erläuterung von
meinem erarbeiteten analytischen und historischen Rahmen.

Nach meinem wissenschaftlichem Erkenntnisstand erfordert die
Schaffung von einem pannationalem Staatengebilde im Sinne einer
staatsübergreifenden Staatsform zuerst einen politischen und gesellschaftlichen unabhängigen Staat auf der Basis einer kollektiven nationalen Identität als Ergebnis der Zusammenführen der Summe von
gemeinsamen kulturellen Identitäten zu einem politischen Kollektiv
mit bestimmten politischen Werten und Normen. Folglich ist die
Schaffung einer staatsübergreifenden Staatsform immer abhängig
von politischen und gesellschaftlichen unabhängigen Staaten, die
schlussendlich sich zu dem betreffenden pannationalem Staatsgebilde im Form von einem Bundesstaat, Staatenbund oder Staatenverbund beabsichtigt oder unbeabsichtigt zusammenschließen, und deren
kollektiven nationalen Identität im Sinne eines Nationalismus als
politische und gesellschaftliche Voraussetzung zur Bildung und Zementierung einer kollektiven nationalen Identität im Sinne eines pannationalem Nationalismus eine Notwendigkeit darstellt.

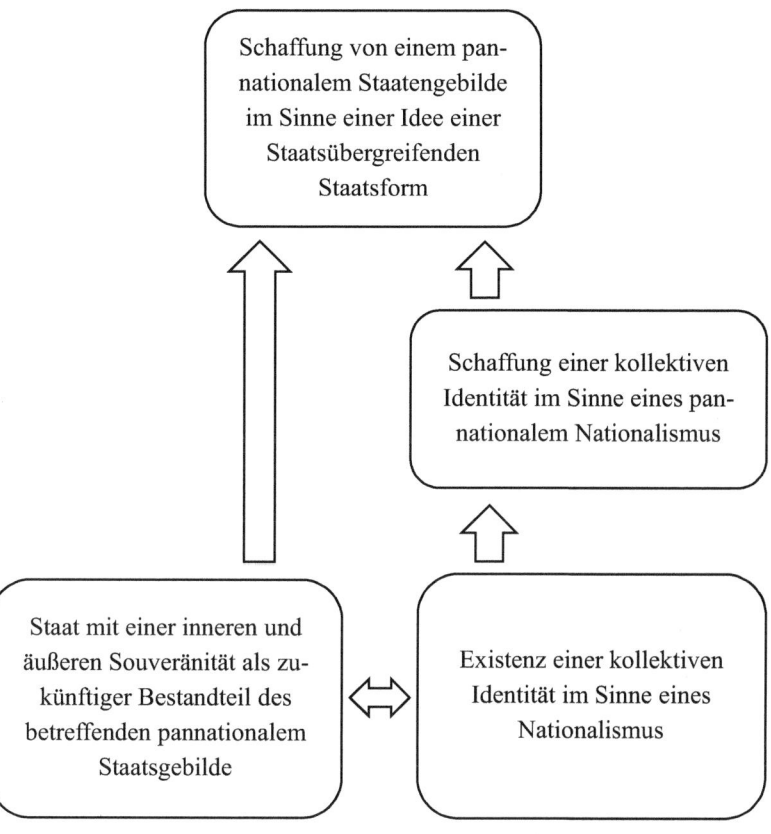

Des Weiteren würde ich den Panislamismus und Panarabismus als staatsübergreifende Idee einer Staatsform im Nahen Osten und deren politischen und gesellschaftlichen Abhängigkeit vom arabischen Nationalismus im Prozesses der Nationsbildung der Staaten im Nahen Osten in insgesamt drei historische Phasen einteilen; und zwar:

- Phase der politischen und gesellschaftlichen Befreiung
- Phase der Unabhängigkeit und Nationenbildung
- Phase der Nationalstaaten

• Phase der politischen und gesellschaftlichen Befreiung

Die Phase der politischen und gesellschaftlichen Befreiung umfasst etwa den zeitlichen Rahmen des langen 19.Jahrhunderts; und ist vor allem gesellschaftlich und politisch geprägt zum einen anhand der Besetzung des Nahen Ostens durch die europäischen Kolonialstaaten samt der daraus resultierenden gesellschaftlichen und politischen Erkenntnis der arabischen Welt hinsichtlich ihrer eigenen Rückständigkeit samt untergeordneten Stellung gegenüber den christlich-orientierten Kolonialstaaten und zum anderen an der entstehenden Panbewegung im Sinne des Panislamismus und Panarabismus.

• Phase der Unabhängigkeit und Nationenbildung

Die Phase der Unabhängigkeit und Nationsbildung umfasst einen ungefähren Zeitraum vom Beginn des 1.Weltkrieges bis zum Ende des 2.Weltkrieges; und ist vor allem gesellschaftlich und politisch geprägt durch die Entwicklung der kollektiven Identität des arabischen Nationalismus aufgrund der historischen Ereignisse der Sykes-Picot-Abkommen und Balfour Deklaration unter Berücksichtigung der Korrespondenz zwischen McMahons und Sherifen Hussein von Mekka.

• Phase 3 Phase der Nationalstaaten

Die Phase der Nationalstaaten umfasst einen ungefähren Zeitraum vom Ende des 2.Weltkrieges bis zu unserer Gegenwart; und ist vor allem gesellschaftlich und politisch geprägt durch die Unabhängigkeiten der arabischen Staaten samt Bildung des arabischen Nationalismus sowie dem gesellschaftlichen und insbesondere politischen Scheitern von staatsübergreifenden Projekten im Sinne des Panislamismus und Panarabismus.

These 1:

Die staatspolitische Umsetzung der staatsübergreifenden Idee einer Staatsform im Nahen Osten im Sinne vom Panislamismus und Panarabismus in der Phase der politischen und gesellschaftlichen Befreiung scheiterte an den fehlenden arabischen Staatsnationen samt deren innen und äußeren Souveränität und zusammenhängenden damit an der fehlenden kollektiven nationalen Identität im Sinne des arabischen Nationalismus aufgrund der Besetzungspolitik der europäischen Kolonialstaaten im Nahen Osten.

These 2:

In der Phase der Unabhängigkeit und Nationenbildung entstand eine kollektive nationale Identität im Sinne des arabischen Nationalismus während der Nationsbildung im Nahen Osten als gesellschaftliche und politische Grundbedingung für die Möglichkeit der staatspolitischen Umsetzung der staats- übergreifenden Idee einer Staatsform im Nahen Osten im Sinne vom Panislamismus und Panarabismus.

These 3:

Die staatspolitische Umsetzung der staatsübergreifenden Idee einer Staatsform im Nahen Osten im Sinne vom Panislamismus und Panarabismus in der Phase der Nationalstaaten scheiterte an der politischen, wirtschaftlichen und religiösen Dominanz von einzel- staatlichen Interessen der arabischen Staatsnationen im Nahen Osten und deren staatlichen autoritären Unterdrückung einer kollektiven pan- nationalen Identität im Sinne des arabischen Nationalismus.

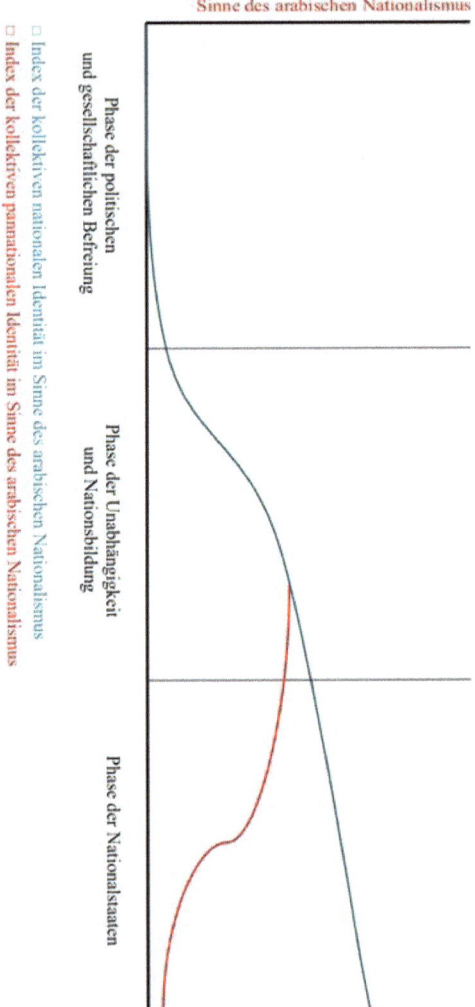

Index der kollektiven nationalen Identität im Sinne des arabischen Nationalismus

Index der kollektiven pannationalen Identität im Sinne des arabischen Nationalismus

□ Index der kollektiven nationalen Identität im Sinne des arabischen Nationalismus
□ Index der kollektiven pannationalen Identität im Sinne des arabischen Nationalismus

Phase der politischen und gesellschaftlichen Befreiung

Phase der Unabhängigkeit und Nationsbildung

Phase der Nationalstaaten

Die vorliegende Graphik soll nochmal meine drei Thesen zusammen-hängend visuell erläutern; und zwar in der Phase der politischen und gesellschaftlichen Befreiung bestand keine oder kaum eine kollektive nationale Identität im Sinne des arabischen Nationalismus, denn die arabischen Staaten im Nahen Osten hatten in dieser Phase keine innere und äußere Unabhängigkeit. Die innere und äußere Unabhängigkeit ist jedoch eine politische und gesellschaftliche Notwendigkeit für die Schaffung einer kollektiven nationalen Identität im Sinne des arabischen Nationalismus; und die kollektive nationale Identität im Sinne des arabischen Nationalismus ist wiederum eine gesellschaftliche und politische Notwendigkeit für die Schaffung einer kollektiven pannatio-nalen Identität im Sinne des arabischen Nationalismus. Aus diesem Grund bestand in dieser Phase auch keine kollektive pannationale Identität im Sinne des arabischen Nationalismen. In der Phase der Unabhängigkeit und Nationsbildung entstanden die ersten arabischen Staaten mit einer defekten inneren und äußeren Unabhängigkeit in Nahen Osten, dadurch konnte nun eine kollektive nationale Identität im Sinne des arabischen Nationalismus entstehen, die durch weitere historische Ereignisse eine gesellschaftliche und politische Verstärkung bekommen hat. Zudem entstand nun auf der Basis der kollektiven nationalen Identität im Sinne des arabischen Nationalismus auch eine kollektive pannationale Identität im Sinne des arabischen Nationalis-mus. In der Phase der Nationalstaaten förderten die unabhängigen und autoritären Staaten im Nahen Osten die kollektive nationale Identität im Sinne des arabischen Nationalismus und begrenzten die kollektive pan-nationale Identität im Sinne des arabischen Nationalismen zum eigenen politischen Machterhalt.

Der wissenschaftliche Forschungsstand hinsichtlich meiner vorliegenden Problemstellung im Kontext der Forschungsfragen und der Thesen zum Panislamismus und Panarabismus als staatsübergreifende Idee

einer Staatsform im Nahen Osten und deren politischen und gesellschaftlichen Abhängigkeit vom arabischen Nationalismus im Prozess
der Nationsbildung der Staaten im Nahen Osten ist nach meiner
Sichtung des deutsch-/englischsprachigen wissenschaftlichen
Schrifttums aus dem Bereich der Geschichts-, Islam- und Politikwissenschaften nicht gegeben. Es bestehen zwar zu jeden einzelnen Themen-
komplex ein ausführliches wissenschaftliches Schrifttum, jedoch
kein Schrifttum über eine ausführliche und zusammenhängende wissenschaftliche Darlegung meiner Problemstellung im Kontext der
Forschungsfragen und der Thesen.

Der englisch-/deutschsprachige wissenschaftliche Forschungsstand
zum Pan-islamismus und Panarabismus konzentriert sich auf die
zentralen Publikationen; und zwar „*Kollektive Identitäten im Nahen
und Mittleren Osten*" von den Herausgebern Rüdiger Robert, Daniela
Schlicht und Shazia Saleem, die wissenschaftlichen Publikationen
„*The Politics of Pan-Islam - Ideology and Organization*" von Jacob
Landau und „*The politicization of Islam*" von Kemal Karpat und die
wissenschaftliche Publikation „*The Origins of Arab Nationalism*"
von Rashid Khalidi.

Die Problematik in den betreffenden Publikationen besteht darin, dass
diese wissenschaftlichen Auseinandersetzungen keinen Schwerpunkt auf
die staatsübergreifende Idee des Panislamismus und Panarabismus haben
und oftmals keinen unmittelbaren Beleg ihrer Argumentation aus den
Werken der betreffenden Theoretikern des Panislamismus und
Panarabismus. In der vorliegenden Ausarbeitung erfolgt von mir eine
Übersetzung der betreffenden arabischen Werke der Theoretiker
des Panislamismus und Panarabismus mit dem Fokus auf die staatsübergreifende Idee, die momentan nur in der arabischen Sprache vor-
liegen. Diese wissenschaftliche Mehrleistung in Form der Übersetzung
betreffenden Texte auf den Fokus der staatsübergreifenden Idee

leisten die genannten wissenschaftlichen Publikationen nicht und behandeln auch nicht meine vorliegende Problemstellung unter Berücksichtigung meiner Forschungsfragen und Thesen. Zentral für den wissenschaftlichen Forschungsstand des Panarabismus auf der politischen und gesellschaftlichen Grundlage des arabischen Nationalismus ist die Dissertation „*Vom Gottesreich zum Nationalstaat. Islam und panarabischer Nationalismus*" von Bassam Tibi, der wiederum bezieht sich auf die Arbeit „*The Arab Awakening. The Story of the Arab National Movement*" von George Antonius. Allerdings erfolgt in diesen Publikationen kaum eine gesellschaftliche und politische Kontextualisierung zur staatsübergreifenden Idee des Panislamismus und Panarabismus.

Zusammenfassend kann nun gesagt werden, dass die vorliegende Problemstellung im Kontext der Forschungsfragen und der Thesen zum Panislamismus und Panarabismus als staatsübergreifende Idee einer Staatsform im Nahen Osten und deren politischen und gesellschaftlichen Abhängigkeit vom arabischen Nationalismus im Prozesses der Nationsbildung der Staaten im Nahen Osten im deutsch-/englischsprachigem Schrifttum eine Forschungslücke darstellt.

Das Schließen dieser Forschungslücke erfolgt durch die Beantwortung der zehn untergeordneten zusammenhängenden Forschungsfragen und der wissenschaftlichen Auseinandersetzung der aufgestellten Thesen im Kontext der Problemdarstellung. Dazu eignet sich die folgende Aufbaustruktur; und zwar erfolgt zunächst eine fokussierte Darstellung des theoretischen Analyserahmens in Form einer Auseinandersetzung von grundlegenden Begrifflichkeiten aus dem Bereich der Politikwissenschaften und der Islamwissenschaften. Die nachfolgenden Kapitel umfassen die Darstellung des historischen Kontexts unter Berücksichtigung der historischen Einflussfaktoren hinsichtlich der

Entstehung der Panbewegung im Sinne des Panislamismus und Panarabismus zu Ende des 19.Jahrhunderts und Beginn des 20. Jahrhunderts sowie auch eine Darstellung der Nationsbildung und Demokratie in der islamischen Welt am Ende des 19. Jahrhunderts und Beginn des 20. Jahrhunderts im Kontext der Panbewegung im Form des Panislamismus und Panarabismus. Danach erfolgt ein Kapitel mit einer ausführlichen Darstellung der staatsübergreifenden Idee des Panislamismus und Panarabismus als Panbewegung im Nahen Osten am Ende des 19. Jahrhunderts samt deren Einfluss auf politische und gesellschaftliche Bewegungen und einer Erläuterung bezüglich der Gründe für das Scheitern der politischen Umsetzung der staatsübergreifenden Idee des Panislamismus und Panarabismus im langen 19.Jahrhundert. Danach wird in dem nächsten Kapitel die langsame Entstehung der kollektiven nationalen Identität im Sinne des arabischen Nationalismus aufgrund des historischem Kontextes vom Sykes-Picot-Abkommen und Balfour Deklaration dargelegt. Anschließend werden in dem darauffolgendem Kapitel die Gründe für das Scheitern der politischen Umsetzung der staatsübergreifenden Idee des Panislamismus und Panarabismus im Nahen Osten nach deren Dekolonisierung von den europäischen Kolonialstaaten kritisch betrachtet. Die abschließenden Kapitel beschäftigen sich mit der Gegenwart und der Zukunft der staatsübergreifenden Idee des Panislamismus und Panarabismus, auch im Kontext des Wettstreites zwischen dem Panarabismus als laizistische staatsübergreifende Staatsform und dem Panislamismus als islamische staatsübergreifende Staatsform. Eine Schlussbetrachtung in Form der Beantwortung der aufgestellten Forschungsfragen, die Bestätigung oder Ablehnung der aufgestellten Thesen und dem Erkenntnisstand beendet die vorliegende Ausarbeitung.

3. Darstellung vom theoretischen Analyserahmen

Die Bearbeitung der Problemstellung unter Berücksichtigung der Forschungsfragen und Thesen erfordert zunächst eine theoretische Auseinandersetzung von einigen grundlegenden Begrifflichkeiten aus dem Bereich der Politikwissenschaften und der Islamwissenschaften.

3.1. Begriffserläuterungen im Kontext vom politik-theoretischen Analyserahmen

3.1.1. Kulturelle Identität

Das Fundament der kollektiven Identität

Der Begriff der kulturellen Identität umfasst ein Teil der Identität einer Person oder auch ihr Selbstverständnis und Selbstwahrnehmung als Identifikation in Form von einem Zugehörigkeitsgefühl zu einer bestimmten Gruppe auf der Basis von unterschiedlichen kulturellen Kategorien und Bezugspunkten in Form von institutionalisierten Ordnungsvorstellungen samt einem normativen Gehalt und einer verhaltensprägend Wirkung; insbesondere die kulturelle Gemeinsamkeit der Sprache, Religion, Ethnie und Geschichte, die wiederum durch den Prozess des gemeinsamen Teilens von diesem kulturellen kollektiven Wissens eine langfristige Schaffung und Zementierung von einer kollektiven Identität durch die kulturelle Identität verwirklicht (Usborne / Sablonniere: The Function of Cultural Identity, in: Journal for the Theory of Social Behaviour, 2014, S.436 (438)). Die kulturelle Identität ist also heterogen und umfasst konfligierende Ordnungsvorstellungen, die wiederum in Abhängigkeit ihrer Ausprägung zu den einzelnen Individuen und daher auch zum Kollektiv einen unterschiedlichen Grade der Homogenisierung der kultureller Identitäten realisiert (Cohen: Culture as Identity - An Anthropologist's View, in: New Literary History 1993, S.195 (199)). Die kulturelle Identität beschreibt somit die individuelle Identifikation zu bestimmten kulturellen Kategorien und damit auch die individuelle Zugehörigkeit zu einem Kollektiv, die eben diese kulturellen Kategorien vertreten (positive Identifikation) (Usborne / Sablonniere: The Function of Cultural Identity, in: Journal for the Theory of Social Behaviour, 2014, S.436 (438)); und umgekehrt bedeutet die Nicht-Identifizierung und Negation dieser kulturellen Kategorien eine individuelle Ausschließung des Kollektivs (Cohen: Culture as Identity - An Anthropologist's View, in: New Literary History 1993, S.195 (199)). Die kulturelle Identität entsteht damit aus der diskursiven Konstruktion des „Eigenen", die durch den Gegensatz zu einem existenten oder eben vorgestellten „Anderen" verwirklicht wird; und durch den Prozess der Bildung des „Eigenen" als Gegensatz des „Anderen" kann sich eine Spannung in Form von Nichtwahrnehmung oder auch Abneigung gegenüber dem „Anderen" entwickeln (Cohen: Culture as Identity - An Anthropologist's View, in: New Literary History 1993, S.195 (199)).

Summe von kulturellen Kategorien und Bezugspunkten
in Form von institutionalisierten Ordnungsvorstellungen

↓

Bildung und Zementierung der kulturellen Identität

3.1.2. Kollektive Identität
Die Grundstruktur für die Entstehung einer Nation
Die kollektive Identität umfasst vor allem die Summe von vorhandenen Empfindungen als Identifikation in Form von einem Zugehörigkeitsgefühl von Individuen zu einem Kollektiv von Individuen aufgrund von gemeinsamen kulturellen Kategorien und Bezugspunkten in Form von institutionalisierten Ordnungsvorstellungen (Hillmann: Wörterbuch der Soziologie, S.431), d.h. das Zusammenführen der

Summe von gemeinsamen kulturellen Identitäten von unterschiedlichen Individuen ermöglicht die Bildung und letztendlich die Zementierung von kollektiven Identitäten.

Zusammenführen der Summe
von gemeinsamen kulturellen Identitäten
↓
Bildung und Zementierung von kollektive Identität

Die Bildung und Zementierung der kollektiven Identität samt deren kollektivem Bewusstsein erfolgt nicht durch einen natürlichen Prozess, sondern die Bildung und Zementierung der kollektive Identität samt deren kollektivem Bewusstsein wird durch die Zusammenführung der Summe von gemeinsamen kulturellen Identitäten sozial konstruiert (Hillmann: Wörterbuch der Soziologie, S 431; Giesen / Seyfert: Kollektive Identität - Politik und Zeitgeschichte, 2013, S.39 (40)). Die kollektive Identität muss daher als Selbstkonzept des einzelnen Individuums vorhanden sein, um so auf Basis des individuellen   Denkens und Handelns sich mit der kollektiven Identität identifizieren und letztendlich sein individuelles Denken und Handeln sich der kollektiven Identität auszurichten zu können (Giesen / Seyfert: Kollektive Identität - Politik und Zeitgeschichte, 2013, S.39 (40)). In dem Kontext ist auch die nationale Identität zu betrachten. Die nationale Identität ist ein Teil der Identität eines Individuums in Form von einem Bewusstsein und Zugehörigkeitsgefühl zu einem politischen Kollektiv mit bestimmten politischen Werten und Normen samt deren politischen staatlichen Ordnung als kulturelle Kategorie und Bezugspunkt in Sinne einer institutionalisierten Ordnungsvorstellung (Giesen / Seyfert: Kollektive Identität - Politik und Zeitgeschichte, 2013, S.39 (40); Anderson: Die Erfindung der Nation, S.14).

Zusammenführen der Summe von gemeinsamen kulturellen Identitäten
zu einem politischen Kollektiv mit bestimmten
politischen Werten und Normen

Bildung und Zementierung von einer kollektiven nationalen Identität

3.1.3. Nation - Nationalismus - Nation-Building
Die kollektive Erschaffung vom kollektiven Fundament des Staates

Eine Nation ist der politische Zusammenschluss einer kollektiven nationalen Identität auf der Grundlage des politischen Zusammenschlusses von Menschen mit einer gemeinsamen kulturellen Identitäten zu einem politischen Kollektiv mit bestimmten politischen Werten und Normen (Anderson: Die Erfindung der Nation, S.22). Hierbei ist das bewusste kollektive Streben der Schaffung einer Nation auf der Basis des Zusammenschlusses der kollektiven Identität der Nationalismus, d.h. die Menschen als Kollektiv mit ihrer kollektiven nationalen Identität haben entweder das politische oder kulturelle Verlangen nach der nachhaltigen Einheit vom Kollektiv als Staatsvolk auf einem Staatsgebiet unter einer Staatsgewalt. Dabei kann unterschieden werden zwischen dem kulturellem Nationalismus und dem politischem Nationalismus. Der kulturellen Nationalismus fokussiert sich dabei auf die gemeinsamen kulturellen Identitäten des Kollektivs als Staatsvolk und der politische Nationalismus wiederum fokussiert sich auf den Grenzen des Staatsgebietes und die politischen Zuordnung des Volkes zum Staat durch die politische Staatsangehörigkeit (Anderson: Die Erfindung der Nation, S.24).

Zusammenschluss einer kollektiven nationalen Identität

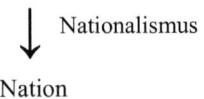
Nationalismus

Nation

Diese Herausbildung, Entwicklung und Zementierung von einem Zusammenschluss einer kollektiven nationalen Identität zur Nation als Basis für die politische und gesellschaftliche Begründung von einem Staat ist die Nation-Building (Fuchs-Heinritz: Lexikon zur Soziologie, S.452). Bei der Nation-Building muss zwischen der Bildung einer Staatsnation und einer Kulturnation unterschieden werden. Die Staatsnation legitimiert sich durch den gemeinsamen Willen im Sinne einer staatlich-politischen Verfasstheit von kollektiven Identitäten mit bestimmten politischen Werten und Normen, dabei ist eine gemeinsame kulturelle Identität des Kollektives für die Legitimation der Staatsnation nicht notwendig (Giessen: Nationale und kulturelle Identität, S.16). Hierbei kann sogar die Legitimation der Staatsnation bezüglich der kollektiven Identitäten mit bestimmten politischen Werten und Normen von einzelnen herrschenden Gruppen im Sinne eines Top-Down-Prozess sozial bestimmt werden (Giessen: Nationale und kulturelle Identität, S.17).

Die Kulturnation legitimiert sich wiederum aufgrund der kollektiven nationalen Identität auf der Grundlage des politischen Zusammenschlusses von Menschen mit einer gemeinsamen kulturellen Identitäten zu einem politischen Kollektiv mit bestimmten politischen Werten und Normen, dabei sind die gemeinsamen kulturellen Identitäten in Form von Abstammung, Geschichte Sprache oder / und Religion für die Legitimation der Kulturnation notwendig (Boerner: Concept of National Identity, S.24).

3.1.4. Staat - Die politische Ordnung einer Nation

Nach den heutigem weltweiten staatsrechtlichem Stand besteht ein Staat aus insgesamt drei Staatselementen; und zwar Staatsgebiet, Staatsvolk und Staatsgewalt (Herzog: Allgemeine Staatslehre, S.22; Schmidt: Staatsorganisationsrecht, Rn.34).

Das Staatsgebiet ist jeder in seinem Kernbestand gesicherten, beherrschbare und zum dauernden Aufenthalt von Menschen geeignete natürliche Teil der Erdoberfläche (Herzog: Allgemeine Staatslehre, S.22). Das Staatsvolk ist die Gesamtheit der Personen, die in einem Staat kraft seines Rechts zugeordnet sind; dabei muss das Staatsvolk einen grundlegenden kollektiven Bestand an der Zuschreibung in Form von einem Zugehörigkeitsgefühl einer bestimmten Gruppe auf der Basis von unterschiedlichen kulturellen Kategorien und Bezugspunkte in Form von institutionalisierten Ordnungsvorstellungen samt einem normativen Gehalt und einer verhaltensprägend Wirkung haben (Herzog: Allgemeine Staatslehre, S.45; Schmidt: Staatsorganisationsrecht, Rn.35). Die Staatsgewalt ist die originäre Herrschaftsmacht des Staates über sein Gebiet und die auf ihm befindlichen Staatsvolk (Schmidt: Staatsorganisationsrecht, Rn.35; Herdegen: Völkerrecht, § 8, Rn.8). In dem Kontext sind auch die staatsrechtliche Begriffe von Bundesstaat, Staatenbund und Staatenverbund zu betrachten. Ein Bundesstaat umfasst als Vereinigung mehrere Teil- / Gliedstaaten als ein Gesamtstaat im Sinne eines Bundesstaates samt Teilung der Staatsgewalt und deren Zuständigkeit bezüglich dem Staatsvolk und dem Staatsgebiet zwischen dem Bund und den einzelnen Teil- / Gliedstaaten (Doehring: Allgemeine Staatslehre, S.68). Ein Staatenbund ist ein freiwilliger Zusammenschluss von souveränen Staaten zur Verfolgung von gemeinsamen Zielen; dabei behalten die betreffenden Staaten in dem Staatenbund ihre eigene innere und äußere Souveränität über ihr eigenes Staatsvolk und Staatsgebiet (Schweisfurth: Völkerrecht, S.36). Ein Staatenverbund ist ein staats-politisches Mehrebenensystem, in dem die Staaten enger zusammenarbeiten als in einem Staatenbund, aber im Gegensatz zum Bundesstaat die staatliche innere und äußere Souveränität behalten. Jedoch können die Staaten im Staatenbund teilweise vertraglich ihre innere und äußere

Souveränität an eine zentrale Regierung des Staatenverbundes abgeben. Folglich handelt es sich bei einem Staatenverbund um eine supranationale Institution, die eben in bestimmten Bereichen auch Hoheitsakte durchführen können, jedoch nicht die Kompetenz haben, diese betreffenden Bereiche selbst festzulegen (Kreff / Knoll / Gingrich: Lexikon der Globalisierung, S.325).

3.1.5. Pannationalismus

Die politisch-kulturelle Bewegung der Staatenvereinigung

Der Begriff des Pannationalismus, auch genannt Panbewegung oder Panideologie, ist eine politisch-kulturelle Bewegung mit der Zielsetzung der Stärkung von noch wachsenden oder auch bereits bestehenden kollektiven Identitäten in Nationen, Bewegungen oder Religionsgemeinschaften, damit letztendlich eine kulturelle oder / und insbesondere eine politische Vereinigung dieser kollektiven Identitäten verwirklicht wird (Kreff / Knoll / Gingrich: Lexikon der Globalisierung, S.325). Dabei fokussiert sich der Begriff des Pannationalismus vor allem auf die politische Vereinigung von einzelnen bereits bestehenden und überwiegend identischen kulturellen Identitäten in unterschiedlichen Staaten mit der Zielsetzung der politischen Vereinigung dieser kulturellen Identitäten in einen gemeinsamen Staat, Bundesstaat oder auch Staatenverbund (Baumann / Gingrich: Grammars of Identity, S.52); d.h. der Pannationalismus wird vornehmlich in einem übernationalen Kontext betrachtet, indem eben die kollektiven Identitäten sich über mehrere Staaten erstrecken (Kreff / Knoll / Gingrich: Lexikon der Globalisierung, S.325). Diese politische Vereinigung von kollektiven Identitäten in einem übernationalen Kontext erfolgt oft als eine unmittelbare Reaktion auf nationale Identitätskrise sowie auch nationalen Unterdrückungen und Ungerechtigkeiten, die innerhalb eines bestimmten geopolitischen Raumes der kollektiven Identitäten aufgetreten sind. Dabei soll nun die politische Vereinigung der kollektiven Identitäten die politische und kulturelle Basis für eine stärkere Gemeinschaft und Zusammenarbeit gegenüber der nationalen Identitätskrise bilden, und zwar unabhängig von bestehenden nationalen Grenzen. Der Pannationalismus kann daher als eine Form von transnationaler kollektive Solidarität betrachtet werden, die oft in oppositionellen Bewegungen zu finden sind, die die institutionalisierten, nationalen kollektiven Identitäten von Staatsnationen anzweifeln und damit auch ihre Legitimation in Frage stellen (Gingrich / Fox: Anthropology by Comparison, S.228). Diese Dynamik beinhalt dadurch oft komplexe Wechselwirkungen zwischen verschiedenen kulturellen und schlussendlich kollektiven Identitäten und können sowohl integrative als exklusive Tendenzen im Sinne von der diskursiven Konstruktion des „Eigenen" und „Anderen" der kollektiven Identität verwirklichen (Gingrich / Fox: Anthropology by Comparison, S.228; Kreff / Knoll / Gingrich: Lexikon der Globalisierung, S. 325).

3.2. Darstellung vom islam-theoretischen Analyserahmen

3.2.1. Arkān al-Islām (أركان الإسلام)

Die religiöse Identität der islamischen Gemeinschaft

Das islamische Konzept Arkān al-Islām sind die religiösen Grundpflichten und Grundpraktiken der islamischen Glaubenslehre im Sinne der Schahada (Glaubensbekenntnis), Salat (Gebet), Zakat (Almosen), Sawm (Fasten) und Hadsch (Pilgerfahrt) und gilt grundlegend für jeden gläubigen Muslimen (Hoos: The five pillars of religion, in: Oxford University Press 2010, S.11 (12)). Die Ausübung und Einhaltung dieser religiösen Pflichten mit kaum inhaltlichen Veränderungen existieren bereits seit der Lebenszeit vom Propheten Mohammad (Schumm / Kohler: Social cohesion and the five pillars of Islam, in: American Journal of Islamic Social Sciences 2006, S.126 (128)).

3.2.2. Watan (وطن)

Die kulturelle Identität der arabischen Gemeinschaft

Der Begriff Watan ist ein gesellschaftliches und insbesondere politisches Konzept und beinhaltet die gesellschaftliche und politische Verpflichtung der Erinnerung und Stärkung des gemeinsamen Erbes der arabischen Kultur, Geschichte und Sprache samt deren Wichtigkeit für die gesellschaftliche und politische Einheit aller arabischen Menschen auf der Welt unabhängig ihrer politischen Ausrichtung oder ihrer Staatsangehörigkeit (Fazal: Ummah, Qaum and Watan, S.22). Das letztendliche Ziel des gesellschaftlichen und politischen Konzepts von Watan ist die Schaffung von einer gesellschaftlichen und politischen Einheit aller arabischen Menschen aufgrund ihrer gemeinsamen Kultur, Geschichte und Sprache als Summe von vorhandenen kulturellen Kategorien und deren Empfindungen als Identifikation in Form von einem Zugehörigkeitsgefühl von Individuen zu einem Kollektiv aufgrund eben diesen gemeinsamen kulturellen Kategorien und Bezugspunkten in Form von institutionalisierten Ordnungsvorstellungen (Fazal: Ummah, Qaum and Watan, S.23).

3.2.3. Umma (أمة)

Die islamische Gemeinschaft als staats-politisches Kollektiv

Die Bezeichnung Umma umfasst im Islam eine Gemeinschaft in der Vergleichbarkeit von einem Volk oder auch Nation auf dem kulturellen und kollektiven Fundament der islamischen Glaubensgrundsätze (Denny: The Encyclopaedia of Islam, S.859; Al Faruqi, Umma - The Orientalists and The Quranic Concept of Identity, in: Journal of Islamic Studies 2005, S.12 (14)). In der Frühzeit des Islams beinhaltete das Konzept der Umma vor allem eine Gemeinschaft von Menschen ohne Beachtung ihrer jeweiligen Religionszugehörigkeit des Individuums in der Gemeinschaft (Denny: The

Encyclopaedia of Islam, S.860; Karpat: The politicization of Islam, S.28). Mit der Auswanderung des Propheten Mohammed von Mekka nach Medina entstand nun eine islamische Kontextualisierung zur Umma im Form der Bedeutungsverschiebung von einer Gemeinschaft von gläubigen Menschen zu einer Gemeinschaft von Menschen des islamischen Glaubens (Denny: The Encyclopaedia of Islam, S.861). Die Beachtung und Einhaltung der islamischen Glaubensgrundsätze war nun eine religiöse Pflicht für die Menschen in der Gemeinschaft. Eine weitere wesentliche Bedeutungsverschiebung des religiösen Konzeptes der Umma erfolgte durch den Gesellschaftsvertrag von Medina; danach entstand nun die Pflicht zum gegenseitigen Zusammenhalt und Vereinigung gegen sämtliche Bedrohungen von äußeren Feinden (Robert / Schlicht / Saleem / Shazia: Kollektive Identität im Nahen und Mittleren Osten, S.36). Das religiöse Konzept der Umma erhält durch den Gesellschaftsvertrag von Medina neben der religiösen Bedeutung erstmals eine territoriale und politische Bedeutung (Rahman: The Principle of Shura and the Role of the Umma in Islam, in: American Journal of Islamic Social Sciences 1984, S.1 (3)). Dadurch wird die Umma zu einer religiösen Gemeinschaft von Menschen des islamischen Glaubens mit einem geographisch definierbarem Gebiet unter einer religiös-politischen Herrschaft (Denny: The meaning of ummah in the Qur'ān, in: History of Religions 1975, S.34 (42)).

3.2.4. Dār al-Islām (دار الإسلام)

Das staatspolitische-theoretische Konzept des Islams

Der islamische Rechtsbegriff von Dār al-Islām ist eine politische Weiterentwicklung des islamischen und politischen Konzept der Umma und bezeichnet die religiöse und politische Einheit des politischen und gesellschaftlichen geographischen Gebietes (Staatsgebiet) von Menschen mit islamischen Glaubensgrundsätzen (Staatsvolk) unter einer politischen - oftmals islamisch geprägten - Staatsgewalt (Staatsgewalt) (Khoury: Lexikon des Islam. Geschichte - Ideen - Gestalten, S.352).

3.2.5. Kalifat (خلافة)

Das staats-theokratische Konzept des Islams

Das Kalifat ist eine islamische Regierungsform basierend auf dem theokratischen Modell des islamischen Konzepts der Umma und beinhaltet die Fokussierung der politischen und religiösen Herrschaftsmacht auf eine Person als Kalifen in der Funktion eines Stellvertreters des Gesandten von Gott über ein Staatsvolk von Menschen mit islamischen Glaubensgrundsätzen auf einem Staatsgebiet im Sinne des islamischen Konzepts von Dār al-Islām (Kennedy: Das Kalifat. Von Mohammeds Tod bis zum Islamischen Staat, S.29). Dabei konzentriert sich seine politische und religiöse Macht insbesondere auf die Schaffung, Einhaltung und Durchsetzung von Gesetzen im Einklang des islamischen Glaubens mit der Zielsetzung eines friedlichen Zusammenlebens der islamischen Bevölkerung auf dem Staatsgebiet und der Verteidigung der inneren und äußeren Souveränität, d.h. der Kalif als politische und religiöse Staatsgewalt hat damit eine weltliche und eine religiöse Herrschaftsgewalt über das Staatsvolk im Staatsgebiet, die jedoch der Kalif bei einem eigenem Verstoß gegen die islamischen Glaubenslehren durch das Widerstandrecht des Staatsvolkes verlieren kann (Kennedy: Das Kalifat. Von Mohammeds Tod bis zum Islamischen Staat, S.30).

4. Darstellung vom historischen Kontext der Panbewegung im Form des Panislamismus und Panarabismus

Zum Todeszeitpunkt des Religionsgründers Mohammad im Jahr 632 n.chr. umfasste das gesamte islamische Herrschaftsgebiet schon den überwiegenden geographischen Teil der Arabischen Halbinsel; und nur wenige Jahrzehnte später dehnte sich der Islam geographisch auf die heutigen Staaten von Palästina, Syrien und Irak aus und erreichte schließlich auch den Iran und das gesamte Gebiet von Nordafrika (Endreß: Der Islam - Eine Einführung in seine Geschichte, S.140). Um 750 n.Chr. umfasste das islamische Herrschaftsgebiet im Norden bereits den Kaukasus bis Kirgistan, im Westen erstreckte es sich bis zum Atlantik und im Osten bis zum Fluss Indus auf dem indischen Subkontinent (Seidensticker: Islamismus - Geschichte, Vordenker, Organisation, S.15; Krämer: Geschichte des Islams, S.190). In den folgenden Jahrhunderten erfolgte eine geographische Ausdehnung des Islams bis zur Subsahara; und umfasste schließlich Gebiete des heutigem Ruanda, Kongo, Kenia sowie das ostafrikanische Küstengebiet vom Horn von Afrika bis Mosambik. Darüber hinaus erweiterte sich das Einflussgebiet des Islams auf Teile der Malaiischen Halbinsel, Sumatra, Java, Kleinasien und fast Südosteuropa (Seidensticker: Islamismus - Geschichte, Vordenker, Organisation, S.15).

Im Jahr 1683 erfolgte der letzte militärische Versuch des Osmanischen Reiches hinsichtlich der Ausdehnung seiner islamischen Herrschaftsmacht in Europa mittels der vergeblichen Belagerung der Stadt Wien (Krämer: Geschichte des Islams, S.228). Das militärische Scheitern bezüglich der Eroberung der Stadt Wien durch das Osmanische Reich markierte den militärischen Rückzug der islamischen Welt aus Europa. Ab dem 16. Jahrhundert entwickelte sich zudem ein zunehmendes wirtschaftliches, wissenschaftliches, gesellschaftliches und kulturelles Desinteresse der islamischen Welt gegenüber dem europäischen Kontinent. Gleichzeitig kam es in der islamischen Welt zu einem wissenschaftlichen und technischen Stillstand, bedingt durch die religiöse Skepsis und Angst vor Neuerungen, die möglicherweise nicht mit den islamischen Glaubenslehren in Einklang standen (Keddie: An Islamic Response to Imperialism, S.68). Diese Besorgnis führte in Verbindung mit dem fortschreitenden technischen und militärischen Fortschritt in den europäischen Staaten letztendlich zu einer Überlegenheit der Europäer in diesen Bereichen. Diese Überlegenheit ermöglichte den europäischen Kolonialmächten schließlich auch eine kontinuierliche militärische Eroberung der islamischen Welt (Keddie: An Islamic Response to Imperialism, S.71).

Im Jahr 1799 unternahm das französische Expeditionsheer unter der Führung von Napoleon Bonaparte (1769-1821) eine militärische Expedition nach Ägypten. Es ist der Beginn des kommenden europäischen Imperialismus im Nahen Osten. Bis zum Ende des 19.Jahrhunderts hatten die europäischen Kolonialmächte zahlreiche Gebiete in der islamischen Welt unter ihre militärische Kontrolle gebracht. Seit der Mitte des 19.Jahrhunderts eroberte und besetzte Frankreich große Teile West- und Nordafrikas; Großbritannien eroberte und besetzte Ägypten, Ostafrika, Sudan und Nigeria; das Russische Zarenreich eroberte und besetzte Gebiete vom heutigem Turkmenistan, Kirgisistan und Tadschikistan und das Königreich Italien hatte Kolonien in Eritrea und in Mittel-/ Südsomalia (Cleveland / Bunton: A History of the Modern Middle East, S.59).

Das militärische Vordringen der europäischen Kolonialmächte versetzte die islamische Welt in eine tiefgreifende politische und gesellschaftliche Identitätskrise. Zum ersten Mal seit Jahrhunderten entstand wieder eine direkte Konfrontation zwischen der christlich geprägten Welt und der islamisch geprägten Welt und daraus resultierte ein direkter Vergleich dieser beiden Welt samt der Erkenntnis der wissenschaftlich-technischen Überlegenheit der europäischen Welt gegenüber der islamischen Welt (Robert / Schlicht / Saleem: Kollektive Identität im Nahen und Mittleren Osten, S.42).

Diese Erkenntnis führte zu einem Bewusstsein für die eigene Rückständigkeit und die untergeordnete Position gegenüber dem christlichen Europa. Innerhalb der islamischen Welt, insbesondere in den Bereichen der Gesellschaft und Politik, entstanden zahlreiche Diskussionen über die Zukunft der islamischen Gemeinschaft. Dies förderte Reformbestrebungen, die darauf abzielten, sich von der zunehmenden Fremdherrschaft der euro-päischen Kolonialmächte zu befreien, die eigene Souveränität wiederzuerlangen und eine Wiederbelebung sowie Neuinterpretation des politischen Islams zu initiieren (Keddie: An Islamic Response to Imperialism, S.74).

5. Nationsbildung und Demokratie in der islamischen Welt am Ende des 19. Jahrhunderts und Beginn des 20. Jahrhunderts im Kontext der Panbewegung im Form des Panislamismus und Panarabismus

Die Idee der Nationsbildung und der Nation haben aufgrund ihres Ursprungs in der französischen Aufklärung einen europäischen gesellschaftlichen und politischen Charakter, der bis zum Ende des 19. Jahrhunderts in dem gesellschaftlichen und politischen Gedankengut des Islams weder praktisch noch theoretisch bekannt gewesen ist (Tibi: Vom Gottesreich zum Nationalstaat - Islam und panarabischer Nationalismus, S.8; Engin: Nation-Building, S.89). Die gesellschaftliche und politische Idee des Islams war geprägt vom politischen System des Kalifats und dem gesellschaftlichem Konzept der Umma; obwohl in den islamischen Religionsvorschriften keine grundlegenden Angaben existieren, die inhaltliche Vorgaben zur politischen und gesellschaftlichen Staatsform und Regierungssystem samt Kompetenzen im Islam darlegen (Eposito: Islam and Democracy, S.7).

Die einzige Stelle im Koran mit einer betreffenden inhaltlichen Andeutung bezüglich Nation und Staatsform ist die Sure 4,59.

Sure 4,59

„O ihr, die ihr glaubt, gehorchet Gott und gehorchet
dem Gesandten und denen, die Befehl unter euch haben!"

Die gesellschaftlichen und politischen Konsequenzen bezüglich der betreffenden Sure im Koran sind im Islam sehr umstritten. Einige der konservativen islamischen Rechtsgelehrten erklären, dass von der betreffenden Sure eine politische Legitimation bezüglich der strengen Auslegung des Islams im Sinne der Scharia abgeleitet werden kann (Tibi: Vom Gottesreich zum Nationalstaat - Islam und panarabischer Nationalismus, S.8; Eposito: Islam and Democracy, S.7). Dagegen betrachten andere islamische Rechtsgelehrte die betreffende Sure als eine gesellschaftliche Aufforderung der Achtung und der Befolgung der islamischen Glaubensgrundsätze ohne jeglichen Bezug zur Ausgestaltung einer politischen und gesellschaftlichen Staatsform und Regierungssystem samt Kompetenzen (Engin: Nation-Building, S.89; Eposito: Islam and Democracy, S.18). Vielmehr vertreten diese islamischen Rechtsgelehrten die islam-politische Auffassung, dass die Leerstellen im Koran bezüglich Staatsform und Regierungssystem samt Kompetenzen eine mittelbare Aussage darstellt; und zwar eine umfassende Überlassung der politischen Ausgestaltung von Staatsform und Regierungssystem samt deren Kompetenzen durch die Menschen (Engin: Nation-Building, S.89; Eposito: Islam and Democracy, S.18). Die Begründung dieser Aussage der Rechtsgelehrten besteht darin; und zwar hätte der Koran oder andere grundlegende islamische Glaubensgrundsätze eine islamische politische Ausgestaltung von Staatsform und Regierungssystem samt Kompetenzen verwirklichen können, dann würden sich in zahlreiche Suren vom Koran und / oder anderen grundlegenden islamischen Glaubensgrundsätzen eine politische Ausgestaltung von Staatsform und Regierungssystem samt Kompetenzen befinden (Tibi: Vom Gottesreich zum Nationalstaat - Islam und panarabischer Nationalismus, S.11). Diese islamische Konkretisierung ist nicht gegeben; nach Ansicht der Rechtsgelehrten sollen daher die Menschen die Aufgabe der gesellschaftlichen und politischen Ausgestaltung von Staatsform und Regierungssystem samt Kompetenzen übernehmen (Engin: Nation-Building, S. 89; Eposito: Islam and Democracy, S.18).

Die Kenntnis von der Idee der Nation und Nationsbildung im Nahen Osten erfolgte vor allem durch den europäischen Kolonialismus (Tibi: Vom Gottesreich zum Nationalstaat - Islam und panarabischer Nationalismus, S.12). Die europäischen Staaten exportierten die Idee der Nation und Nationsbildung während ihrer Besetzungsmacht in den Nahen Osten (Tibi: Vom Gottesreich zum Nationalstaat - Islam und panarabischer Nationalismus, S.14). Allerdings hatte sich die Idee der Nation und Nationsbildung auf dem europäischen Kontinent über Jahrhunderte langsam und stetig im Kontext der gesellschaftlichen und politischen Ereignisse geändert und auch angepasst. Die Idee der Nation und Nationsbildung ist daher auch ein unmittelbares Ergebnis der europäischen kollektiven Identität ohne jeglichen Einfluss von externen nicht-europäischen Staaten (Engin: Nation-Building, S.91). Diese Entwicklung bestand nicht bei den arabischen Staaten bezüglich der Exportierung der europäischen Idee von Nation und Nationsbildung. Es gab keine langsame und stetige Entwicklung zwischen kollektiver arabischer Identität und der Idee der Nation und Nationsbildung (Tibi: Vom Gottesreich zum Nationalstaat - Islam und panarabischer Nationalismus, S.15; Eposito: Islam and Democracy, S.24). Diese Entwicklung der nationalen kollektiven Identität als Grundvoraussetzung für die Entstehung der Nationsbildung und Schaffung von Nationen im Nahen Osten wurde erschwert durch die politische, militärische und wirtschaftliche Einflussnahme der europäischen Kolonialstaaten und deren Besatzungspolitik (Tibi: Vom Gottesreich zum Nationalstaat - Islam und panarabischer Nationalismus, S.16). Die europäischen Kolonialstaaten haben ihre politische und gesellschaftliche Vorstellungen von Nation und Nationsbildung in den Nahen Osten exportiert; und die arabische und islamische Gesellschaft im Nahen Osten haben ohne jegliche gesellschaftliche Entwicklung bezüglich der Bildung einer kollektiven nationalen Identität diese Idee verwendet für die Bildung der Nation der arabischen und islamischen Staaten im Nahen Osten während der Dekolonisierungsphase (Eposito: Islam and Democracy, S.24). Auch das Konzept der Demokratie ist ein Ergebnis der französischen Aufklärung; und war daher ziemlich unbekannt in der islamischen Welt mit Ausnahme der akademischen Elite (Tibi: Vom Gottesreich zum Nationalstaat - Islam und panarabischer Nationalismus, S.18; Eposito: Islam and Democracy, S.26). Die Kenntnis von der Idee der Demokratie im Nahen Osten erfolgte vor allem auch durch den europäischen Kolonialismus (Eposito: Islam and Democracy, S.27). Obwohl die Anwendung der Demokratie und daher auch ihrer Geltung während der Besetzungsmacht im Nahen Osten durch die europäischen Kolonialstaaten kaum in gesellschaftlicher und politischer Erscheinung getreten ist, wurde das Konzept der Demokratie als wichtiger Bestandteil der europäischen Staatsformen von der arabischen Welt zur Kenntnis genommen (Eposito: Islam and Democracy, S.33). Im Laufe des 19. Jahrhunderts begann dann die akademische Auseinandersetzung mit dem Konzept der Demokratie als Herrschaftsform und Staatsform; unter anderem auch die Diskussion der Möglichkeit der gesellschaftlichen und politischen Akzeptanz und Aufnahme des Konzeptes der Demokratie als Herrschaftsform und Staatsform für die Staaten im Nahen Osten. In diesem Kontext entstanden auch gesellschaftliche und politische Bewegungen, die die Idee der Schaffung einer demokratischen Nation für das arabische Volk als eine grundlegende Lösungsmöglichkeit für die Befreiung von der europäischen Fremdherrschaft im Nahen Osten gesehen haben (Eposito: Islam and Democracy, S.33). Es entstand neben islam-politische Gedanken und deren Bewegungen nun auch demokratisch-politische Gedanken und deren Bewegungen; z.B. der Panarabismus neben dem Panislamismus.

6. Phase der beginnenden politischen Befreiung im Nahen Osten
Die Phase der beginnenden politischen und gesellschaftlichen Befreiung im Nahen Osten ist vor allem unter Berücksichtigung der vorliegenden Problemstellung von zwei grundlegenden Charakteristiken geprägt; und zwar die militärische und politische Besetzung vom Nahen Osten durch die europäischen Kolonialmächte und die Entstehung der gesellschaftlichen, politischen und islamischen Idee der Panbewegung im Sinne des Panislamismus und Panarabismus samt deren langsamen beginnenden gesellschaftlichen, politischen und islamischen Bewegungen (Robert/Schlicht/Saleem: Kollektive Identität im Nahen und Mittleren Osten, S.56).

6.1. Darstellung der staatsübergreifenden Idee des Panislamismus und Panarabismus als Pan-Bewegung im Nahen Osten am Ende des 19. Jahrhunderts
In der zweiten Hälfte des 19.Jahrhunderts entstand vor allem in der islamischen akademischen und politischen Welt als unmittelbare Reaktion auf die europäische Expansion im Nahen Osten die Panbewegung im Sinne des Panislamismus und Panarabismus mit dem Ziel der langfristigen Überwindung der gegenwärtigen unterschiedlichsten religiösen und politischen Ansichten innerhalb der islamischen Gesellschaft und Glaubensgemeinschaft, umso eine vereinigte und verbündete Einheit von allen Muslimen im Nahen Osten zu verwirklichen (Robert/Schlicht/Saleem: Kollektive Identität im Nahen und Mittleren Osten, S.56).

6.1.1. Darstellung der staatsübergreifenden Idee des Panislamismus als Panbewegung im Nahen Osten am Ende des 19. Jahrhunderts
Die nachfolgenden Ausführungen umfassen eine fokussierte beschreibende und analytische Darstellung des Panislamismus im

Nahen Osten gegen Ende des 19.Jahrhunderts mit einem Schwerpunkt auf die staatsübergreifende Idee des Panislamismus und deren politischen, gesellschaftlichen und religiösen Zielsetzungen. Allgemein betrachtet ist der Panislamismus (اتحاد الإسلام) eine islampolitische Denkströmung mit dem Ziel der Schaffung einer gesellschaftlichen, politischen und insbesondere religiösen Einheit aller Muslime als Staatsvolk auf einem Staatsgebiet im Sinne eines Kalifats unter einer politischen islamischen Staatsgewalt (Dār al-Islām) aufgrund des gemeinsamen islamischen Glaubens nach der Arkān al-Islām (Elger / Stolleis: Kleines Islam-Lexikon - Geschichte - Alltag - Kultur, S.251; Karpat: The politicization of Islam - Reconstructing identity, state, faith, and community in the late Ottoman state, in: Oxford University Press 2001, S.154 (155)).

Die bedeutsamsten politischen und islam-theologischen Theoretiker vom Pan-islamismus sind Dschamal ad-Din al-Afghani (1838-1897) und seine Schüler Muhammad Abduh (1849-1905) und Rashid Rida (1865-1935) (Hafez: Islamisch-politische Denker, S.91). Ihre Werke über den Panislamismus sind der Beginn einer intensiven politischen und religiösen Auseinandersetzung mit dem Panislamismus und der Kontaktaufnahme zu zahlreichen Gelehrten, Politikern und Herrschern in der islamischen Welt. Aus diesen Briefwechseln und Publikationen beruht auch auf die nachfolgenden Rekonstruktion derer religiösen und politischen Auslegung des Panislamismus mit dem Schwerpunkt auf die staatsübergreifende Idee des Panislamismus (Elger / Stolleis: Kleines Islam-Lexikon - Geschichte - Alltag - Kultur, S.251; Karpat: The politicization of Islam - Reconstructing identity, state, faith, and community in the late Ottoman state, in: Oxford University Press 2001, S.154 (155)).

Die Grundstruktur der staatsübergreifenden Idee des Panislamismus kann anhand der Briefwechsel und Publikationen der betreffenden politischen und islam-theologischen Theoretiker vom Panislamismus folgendermaßen verstanden werden; und zwar als eine stufenweise, aufbauende und entfaltende Entwicklung von der Schaffung eines Kollektives von Menschen mit islamischen Glaubensgrund-sätze über die Schaffung und Zementierung einer arabischen und schlussendlich zielgerichteten islamischen Identität zur Schaffung und Zementierung eines arabischen und schlussendlich zielgerichteten islamischen Nationalismus, der wiederum das Fundament für die Schaffung von arabischen und schlussendlich zielgerichteten islamischen Staaten im Nahen Osten darstellt, und die daraus resultierende Staaten sind wiederum die islampolitische Basis für die nachhaltige Schaffung von einem Bundesstaat der islamischen Staaten im Nahen Osten im Sinne eines Kalifats (Elger/Stolleis: Kleines Islam-Lexikon - Geschichte - Alltag - Kultur, S.251; Karpat: The politicization of Islam - Reconstructing identity, state, faith, and community in the late Ottoman state, in: Oxford University Press 2001, S.154 (155)).

Allgemein betrachtet ist der Panislamismus (اتحاد الإسلام) eine islam-politische Denkströmung mit dem Ziel der Schaffung einer gesellschaftlichen, politischen und insbesondere religiösen Einheit aller Muslime als Staatsvolk auf einem Staatsgebiet im Sinne eines Kalifats unter einer politischen islamischen Staatsgewalt (Dār al-Islām) aufgrund des gemeinsamen islamischen Glaubens nach der Arkān al-Islām (Elger/Stolleis: Kleines Islam-Lexikon - Geschichte - Alltag - Kultur, S.251; Karpat: The politicization of Islam - Reconstructing identity, state, faith, and community in the late Ottoman state, in: Oxford University Press 2001, S.154 (155)).

Grundstruktur der staatsübergreifenden Idee des Panislamismus

Schaffung eines Kollektives von Menschen
mit islamischen Glaubensgrundsätzen

Schaffung und Zementierung einer
arabischen und schlussendlichen zielgerichteten
islamischen kulturellen Identität

Schaffung und Zementierung eines arabischen
und schlussendlich zielgerichteten islamischen
kollektiven Identität

Schaffung und Zementierung eines arabischen
und schlussendlich zielgerichteten islamischen
Staaten im Nahen Osten

Schaffung und Zementierung eines arabischen
und schlussendlich zielgerichteten islamischen
Nationalismus

Schaffung von einem Bundesstaat der islamischen Staaten im Nahen Osten im Sinne eines
Kalifats

Die nachfolgenden Ausführungen werden nun die betreffende Grundstruktur der staatsübergreifenden Idee des Panislamismus auch anhand von einigen Textstellen aus unveröffentlichten und veröffentlichten Schriften sowie Briefen der bereits genannten politischen und islam-theologischen Theoretikern des Panislamismus detaillierter darstellen.

Der grundlegende Ausgangspunkt für die Entstehung der staatsübergreifenden Idee des Panislamismus ist der Kampf gegen die europäischen Kolonialstaaten als Besatzungsmacht im Nahen Osten und die Selbstreflexion der islamischen Welt auf den gegenwärtigen Stand des Islams als gesellschaftliche und politische Ordnung. Das militärische Vordringen der europäischen Kolonialstaaten in den Nahen Osten und deren militärischen Besetzung stürzte die islamische Welt in eine tiefe politische und gesellschaftliche Identitätskrise, denn erstmal seit Jahrhunderten entstand wieder eine unmittelbare Konfrontation zwischen den christlich-orientierten und den islamisch-orientierten Staaten und damit auch zugleich der unmittelbarer Vergleich und letztendlich auch die deutliche Erkenntnis der islamischen Welt hinsichtlich der wissenschaftlich-technischen Überlegenheit der europäischen Kolonialmächten gegenüber der islamischen Welt (Motadel: Islam and the European Empires, S.56.).

Die Konsequenz dieser Erkenntnis war die Vergegenwärtigung der eigenen Rückständigkeit und untergeordneten Stellung gegenüber dem christlichen Europa samt einer beginnenden Diskussion über die Möglichkeiten innerhalb der islamischen Welt sich von der immer stärker werdenden Fremdherrschaft der europäischen Kolonialmächte zu befreien und dadurch die eigene innere und äußere Souveränität wieder zu erlangen (Motadel: Islam and the European Empires, S.58.).

Nach Ansicht der bedeutsamsten politischen und islam-theologischen Theoretiker des Panislamismus ist die eigene politische und gesellschaftliche Rückständigkeit und die damit einhergehende untergeordnete politische Stellung ein unmittelbares Ergebnis der gegenwärtigen Interpretation und deren gesellschaftlichen und politischen Ausführungen der Glaubensgrundsätze des Islams. Daher sollte eine unmittelbare Änderung der gesellschaftlichen und politischen Bedeutung der islamischen Religion im Sinne einer Re-Islamisierung samt deren Modernisierung für Gesellschaft und Staat verwirklicht werden (Afghani: الوحدة جميع المسلمين (Einheit alle Muslime), S.37).

„Eine Rückkehr zum ehrlichen Islam
ist der einzige richtige Weg aus der Abhängigkeit
von den christlichen Ländern auf unserem Boden"
(Rashid Rida: الإسلامية الوحدة (Islamische Einheit), S.45).

„Als ich die Lage des islamischen Volkes
und deren Demütigung durch das christliche Europa
bedachte, verlor ich schließlich die Geduld,
und von allen Seiten stürmten angstvolle Gedanken
und Visionen auf mich ein. Wie ein von Angst besessener Mann
denke ich Tag und Nacht, von morgen bis abends darüber nach
und habe mir die Weg zur Rettung der islamischen Welt zum Beruf
und zur Berufung gemacht." (...)
„Der einzige Weg zur Befreiung der europäischen Besetzung ist
die Rückkehr zum wahren Islam für unsere Zeit und die Bildung
einer Einheit von allen Muslimen auf dieser Welt"
(Afghani: الإسلام - الدولة - الديمقراطية -- (Staat - Islam - Demokratie), S.18).

Eine grundlegende politische und gesellschaftliche Basis für die Re-Islamisierung und deren Modernisierung für Gesellschaft und Staat im Nahen Osten erfordert zunächst die Schaffung eines Kollektivs von Menschen im Sinne der Schaffung eines Volkes durch die gemeinsame kulturelle Identität. Dabei basiert die Schaffung des Kollektivs von Menschen im Nahen Osten zunächst auf die gemeinsame kulturelle Identität der arabischen individuellen Kultur und später eine ziel-gerichtete Reduktion der kulturellen Identität auf den Islam im Sinne von Arkān al-Islām als der dominierende Inhalt der kulturellen Identität, d.h. eine Schaffung und Zementierung einer arabischen und schlussendlich zielgerichteten islamischen kollektiven Identität im Sinne der Einheit des arabischen und schlussendlich zielgerichteten islamischen Volkes (Afghani: جميع الوحدة المسلمين (Einheit alle Muslime), S.37).

„Wir brauchen eine Einheit aus den Wurzel
unserer arabischen Werte" (...)
„Die arabische Wurzeln festigen unseren gemeinsamen Glauben
und unsere Einheit als Volk"
(Afghani: الوحدة جميع المسلمين (Einheit alle Muslime), S.37).

„Unsere Einheit sind unsere Glaube, Geschichte,
Sprache und Menschen"
(Muhammad Abduh: لاهوت الوحدة (Theologie der Einheit), S.77).

Dabei ist nach Ansicht der bedeutsamsten politischen und islamtheologischen Theoretiker des Panislamismus eine stufenweise, aufbauende und entfaltende Entwicklung notwendig, d.h. zunächst müsste als Grundlage ein Kollektiv von Menschen mit islamischen Glaubensgrundsätzen aufgrund ihrer allgemeinen kulturellen Identität - insbesondere der arabischen Sprache und Kultur - entstehen und nach Zementierung dieses Kollektives von Menschen müsste eine zielgerichtete Reduktion der kulturellen Identität auf den Islam als der dominierende Inhalt der kulturellen Identität geschaffen werden (Afghani: الوحدة جميع المسلمين (Einheit alle Muslime), S.38). Dieses Kollektiv von Menschen mit islamischen Glaubensgrundsätzen aufgrund ihrer allgemeinen kulturellen Identität ermöglicht einerseits die Schaffung und Zementierung einer arabischen und schlussendlich zielgerichteten islamischen kollektiven Identität und andererseits die Einheit des arabischen und schlussendlich zielgerichteten islamischen Volkes (Afghani: الوحدة جميع المسلمين (Einheit alle Muslime), S.39). Diese kollektive Identität im Sinne der Einheit des arabischen und schlussendlich zielgerichteten islamischen Volkes betrachten die politischen und islam-theologischen Theoretiker des Panislamismus als Notwendigkeit für die Schaffung eines erstmal arabischen und dann islamischen Nationalismus, der als politische und gesellschaftliche Basis dient für die Schaffung von arabischen und schlussendlich zielgerichteten islamischen Staaten im Nahen Osten in Abhängigkeit der kulturellen und schlussendlich zielgerichteten islamischen Identität (Rashid Rida: الإسلامية الوحدة (Islamische Einheit), S.46).

Diese Staatsmodell soll nach Ansicht der politischen und islam-theologischen Theoretiker des Panislamismus vor allem nach dem islamischen Staatsmodel der Umma unter Berücksichtigung einer gesellschaftlichen und politischen Modernisierung gestaltet werden; und hat damit unmittelbare islam-theologische und islam-politische Auswirkungen auf Staatsgebiet, Staatsvolk, Staatsgewalt und Religion der Staaten im Nahen Osten (Muhammad Abduh: لاهوت الوحدة (Theologie der Einheit), S.77).

„Unser Volk. Unser Land. Unser Führung. Alles im Einklang
und Einheit nach den Werten des wahren Islams" (...)
„Der Islam prägt und gestaltet unser Volk und unser Land." (...)
„Unsere Führung soll im Einklang und Einheit
des wahren Islams handeln"
(Afghani: الوحدة جميع المسلمين (Einheit alle Muslime), S.41).

Dieses Staatsmodell im Sinne der Umma kann gesellschaftlich und
politisch mit folgenden Charakteristiken wiedergeben werden; und
zwar die Re-Islamisierung mit Auswirkungen auf sämtliche gesellschaftliche, wirtschaftliche, politische und rechtliche Auswirkungen.
Dabei umfasst die Re-Islamisierung sämtliche Maßnahmen zur Reform der islamischen Prinzipien und Werte im Sinne der Rückkehr
zu traditionellen islamischen Überzeugungen als auch der Anpassung
an modern wirkende Lebensweisen. Dadurch werden die islamischen
Glaubensgrundsätze eine primäre gesellschaftliche und politische
Grundlage für diese Staatsform. Das wird vor allem deutlich an der
Schaffung der Theokratie als dominierende Staatsform und der Einheit zwischen des Islams und dem Staat, d.h. die Regierung als Theokratie legitimiert ihre Autorität und staatliche Ordnung aus religiösen
Texten, Normen und Gesetzen des Islams und die staatlichen Entscheidungen und Gesetze erfolgen im Einklang mit den Lehren des
Islams unter dem Primat des Islams (Rashid Rida: الإسلامية الوحدة (Islamische Einheit), S.48). Das Staatsvolk auf dem Staatsgebiet wird
nicht primär als ethnische oder nationale Einheit betrachtet, sondern
vielmehr als eine Religionsgemeinschaft im Sinne einer kollektiven
nationalen Einheit, die gebildet wird durch den gemeinsamen islamischen Glauben und die entsprechenden religiösen Praktiken nach
den islamischen Bestimmungen von Arkān al-Islām (Afghani:
الإسلام - الدولة -- الديمقراطية (Staat - Islam - Demokratie), S.20). Die
Verfassung gewährleistet einen Schutz hinsichtlich diese Einheit als
gesellschaftliche und politische Volkssouveränität unter Einschränkungen

islamischer Grundsätze. Diese Einschränkungen können beispiels-
weise die Ausübung bestimmter Menschen-/Bürger-/Freiheits-/Gleich-
heitsrechte betreffen, dabei dienen die islamischen Glaubensgrundsätze als Grundlage für die Einschränkung der betreffenden Rechte
(Afghani: الإسلام - الدولة -- الديمقراطية (Staat - Islam - Demokratie), S.21).
Die Staatsgewalt wird unmittelbar ausgeübt durch einen gewählten
oder ernannten Kalifen samt Ministerrat; dabei hat die Gesellschaft
als Staatsvolk auch ein Widerstandsrecht gegenüber dem Kalifen und
dem Ministerrat, sofern nun erlassene Gesetze oder Regierungshandeln
vom Kalifen und Ministerrat sich nicht im religiösen Einklang mit dem
kollektiven Willen der Mehrheit der Gesellschaft befindet (Afghani:
الإسلام - الدولة -- الديمقراطية (Staat - Islam - Demokratie), S.21). Insgesamt
ist die gesamte Gesellschaft geprägt durch einen Monokulturalismus
(Muhammad Abduh: لاهوت الوحدة (Theo- logie der Einheit), S.79).
Die Schaffung vor allem langfristige Stabilisierung dieser islamisch-politischen Form des Staates im Sinne des Panislamismus für jeden einzelnen islamischen Staat im Nahen Osten bewirkt mach Auffassung der betreffenden politischen und islam-theologischen Theoretiker des Panislamismus zwei Auswirkungen, und zwar einerseits eine Re-Islamisierung
samt Modernisierung und Frieden zwischen den islamischen Staaten
im Nahen Osten und andererseits eine gesellschaftliche und politische Koexistenz samt Frieden mit anderen nicht-islamischen Staaten (Muhammad Abduh: لاهوت الوحدة (Theologie der Einheit), S.80).

> *„Freiheit und Frieden soll das Ergebnis*
> *unserer Einheit der wahren Gläubigen sein"*
> (Afghani: الوحدة جميع المسلمين (Einheit alle Muslime), S.47).

Ausdrücklich dienen die Schaffung und langfristige Stabilisierung
dieser islamisch-politischen Form des Staates im Sinne des Panislamismus als politische Basis für die politische und gesellschaftliche Vertiefungen innerhalb der islamischen Staaten als islamische

Gemeinschaft im Nahen Osten, um so das grundlegende Ziel der staatsübergreifenden Idee des Panislamismus zu erreichen und langfristig zu stabilisieren (Afghani: الإسلام - الدولة -- الديمقراطية (Staat - Islam - Demokratie), S.23). Das grundlegende Ziel der staatsübergreifenden Idee des Panislamismus ist die Schaffung von einem islamisch-politischen Bundestaat im Form eines Kalifats von sämtlichen islamischen Staaten des Nahen Osten (Afghani: الإسلام - الدولة - - الديمقراطية (Staat - Islam - Demokratie), S.26).

Struktur der staatsübergreifenden Idee des Panislamismus

> Kampf gegen den europäischen Imperialismus im Nahen Osten

> Änderung der gesellschaftlichen und politischen Bedeutung der islamischen Religion

> Re-Islamisierung und deren Modernisierung für Gesellschaft und Staat

> Schaffung eines Kollektives von Menschen mit islamischen Glaubensgrundsätzen durch die allgemeine kulturelle Identität und später zielgerichtete Reduktion der kulturellen Identität auf den Islam als der dominierenden Inhalt der kulturellen Identität Re-Islamisierung und deren Modernisierung für Gesellschaft und Staat

> Einheit des arabischen und schlussendlich zielgerichteten islamischen Volkes

> Schaffung und Zementierung einer arabischen und schlussendlichen zielgerichteten islamischen kollektiven Identität

Schaffung und Zementierung eines arabischen und schlussendlichen zielgerichteten islamischen Nationalismus

Schaffung von arabischen und schlussendlich zielgerichteten islamischen Staaten im Nahen Osten in Abhängigkeit der kulturellen und schlussendlich zielgerichteten islamischen Identität

Umma als Staatsmodell für die Staaten im Nahen Osten

Staatsgebiet / Staatsvolk / Staatsgewalt / Religion

Konzentration auf die Geografie der islamischen Staaten im Nahen Osten

- Volk als Religionsgemeinschaft
- Re-Islamisierung samt Modernisierung
- Theokratie
- Primat des Islams
- Einheitsprinzip
- Verfassung
- Volkssouveränität unter Einschränkung von islamischen Grundsätzen
- Widerstandsrecht der Gesellschaft

- Kalif und Ministerrat
- Entscheidungsfindung durch eine reformierte Auslegung von islamischen Grundsätzen und der gesellschaftlichen Mehrheit
- Einschränkung der Gewaltenteilung
- Rechtsstaatsprinzip
- Menschen-/Bürger-/ Freiheits-Gleichheitsrechte im Sinne des reformierten Islams
- Monokulturalismus der Gesellschaft

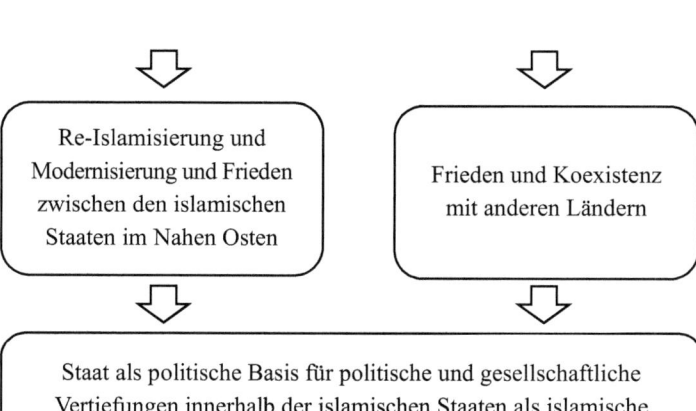

6.1.2. **Darstellung der staatsübergreifenden Idee des Panarabismus als Panbewegung im Nahen Osten am Ende des 19. Jahrhunderts**

Im Allgemeinen kann der Panarabismus als Panbewegung im Nahen Osten am Ende des 19. Jahrhunderts in einen kulturellen und einen politischen Panarabismus eingeteilt werden. Dabei können die grundlegende Ziele des kulturellen Panarabismus ohne den politischen Panarabismus realisiert werden, aber die grundlegenden Ziele des politischen Panarabismus können nicht ohne den kulturellen Panarabismus realisiert werden (Farah: Pan-Arabism and Arab nationalism, S.28).

Kulturelle Panarabismus ——keine Abhängigkeit vom——▶ Politischen Panarabismus

Politische Panarabismus ——eine Abhängigkeit vom——▶ Kulturellen Panarabismus

Der kulturelle Panarabismus umfasst die Förderung der arabischen Kultur, Sprache und Geschichte in den arabischen Staaten des Nahen Osten hinsichtlich der Schaffung einer Kulturnation. Der politische Panarabismus umfasst die Förderung einer politischen und gesellschaftlichen Staatsnation aufgrund der gemeinsamen kulturellen Identitäten des arabischen Volkes (Farah: Pan-Arabism and Arab nationalism, S.29).

Die nachfolgenden Ausführungen umfassen eine fokussierte beschreibende und analytische Darstellung des politischen Panarabismus im Nahen Osten gegen Ende des 19.Jahrhunderts. Die bedeutsamsten politischen und islam-theologischen Theoretiker des Panarabismus sind insbesondere Rifaʿa at-Tahtawi (1801-1873), Butrus al-Bustani (1819-1893) und Francis Marrash (1835/37-1873/74). Die genannten politischen und auch islam-theologischen Theoretiker des Panarabismus verfassten während ihrer Lebenszeit zahlreiche Werke über die religiöse und politische Ausgestaltung vom Panarabismus. Aus diesen Werken beruht die Rekonstruktion deren religiösen und politischen Auslegungen des Panarabismus. Dabei fokussieren sich die nachfolgenden Ausführungen vor allem auf die staatsübergreifenden Idee des Panarabismus. Die Grundstruktur von dieser staatsübergreifenden Idee ist die stufenweise entfaltende Entwicklung von der Schaffung eines Kollektives vom arabischen Menschen durch ihre kulturelle Identität über die Schaffung und Zementierung einer arabischen kulturellen Identität und dann zur Schaffung und Zementierung einer arabischen kulturellen kollektiven Identität und schließlich zur Schaffung und Zementierung eines arabischen Nationalismus der wiederum das Fundament für die Schaffung von arabischen Staaten im Nahen Osten darstellt, und die daraus resultierende Staaten sind wiederum die politisch-islamische Basis für die nachhaltige Schaffung von Staatenverbund der arabischen Staaten im Nahen Osten.

Grundstruktur der staatsübergreifenden Idee des Panarabismus

Schaffung eines Kollektives von arabischen
Menschen durch ihre kulturelle Identität

Schaffung und Zementierung
einer arabischen kulturellen Identität

Schaffung und Zementierung
einer arabischen kollektiven Identität

Schaffung und Zementierung
eines arabischen Nationalismus

Schaffung von arabischen Staaten
im Nahen Osten

Schaffung von einem Staatenverbund
der arabischen Staaten im Nahen Osten

Die nachfolgenden Ausführungen werden nun die betreffende Grundstruktur von der staatsübergreifenden Idee des Panarabismus auch anhand von einigen Textstellen aus veröffentlichten Schriften der betreffenden politischen und islam-theologischen Theoretiker des Panarabismus detaillierter darstellen.

Der wesentliche Ausgangspunkt für die Entstehung der staatsübergreifenden Idee des Panarabismus ist - genauso wie der Panislamismus - der Kampf gegen die europäischen Staaten als Besatzungsmacht in der Region des Nahen Osten und der Blick auf den gegenwärtigen Stand des Islams als gesellschaftliche und politische Ordnung. Die Besetzung der Gebiete im Nahen Osten durch die europäischen Kolonialstaaten ermöglichte aufgrund der unmittelbaren Konfrontation zwischen den christlich-orientierten und den islamisch-orientierten Staaten einen unmittelbaren kritischen Vergleich und letztendlich auch die deutliche Erkenntnis der islamischen Welt hinsichtlich der allgemeinen Überlegenheit der europäischen Kolonialmächten gegenüber der islamischen Welt. Die Konsequenz dieser Erkenntnis war die Vergegenwärtigung der eigenen Rückständigkeit und untergeordneten Stellung gegenüber dem christlichen Europa samt der Diskussion über die Möglichkeiten innerhalb der islamischen Welt sich von der immer stärker werdenden Fremdherrschaft der europäischen Kolonialmächte zu befreien und dadurch die eigene Souveränität wieder zu erlangen. Nach Ansicht der politischen und islam-theologischen Theoretiker des Panarabismus basierte die eigene Rückständigkeit und untergeordnete politische Stellung auf die gesellschaftliche und politische Dominanz des Islams, daher sollte in der arabischen Welt eine Phase der Aufklärung nach dem europäischen Vorbild unter Berücksichtigung der kulturellen und kollektiven Identität des arabischen Volkes verwirklicht werden. Die Schaffung eines Zeitalters der Aufklärung in der arabischen Welt soll vor allem eine grundlegende Änderung der gesellschaftlichen und politischen Bedeutung der islamischen Religion verwirklichen (Rifaʿa at-Tahtawi: الحداثة الإسلامية (Islamischer Modernismus), S.44).

„Aufklärung ist der erste Schritt zur Selbstbestimmung der Völker"
(...) „Aufklärung ist unser Schritt zur Freibestimmung
über uns und unser Land"
(Butrus al-Bustani: المجتمع العربي في عصر التنوير)
(Die arabische Gesellschaft in der Aufklärung), S.28).

„Aufklärung ist das Licht in der Dunkelheit" (...)
„Aufklärung ist unser Licht aus der Dunkelheit"
(Butrus al-Bustani: المجتمع العربي في عصر التنوير)
(Die arabische Gesellschaft in der Aufklärung), S.35).

Die Idee des Panarabismus zur Änderung der gesellschaftlichen und politischen Bedeutung des Islams anhand der Schaffung eines Zeitalters der Aufklärung in der arabischen Welt umfasst insbesondere auch die staatsübergreifende Idee der Schaffung von einem Staatenverbund von sämtlichen arabischen Staaten im Nahen Osten unter einer demokratisch gewählten Regierung als Staatsgewalt (Butrus al-Bustani: المجتمع العربي في عصر التنوير (Die arabische Gesellschaft in der Aufklärung), S.28).

„Die Stärke eines Volkes liegt nicht in ihrem Alleingang,
sondern im Zusammenhalt mit anderen Völkern" (...)
„Der Zusammenhalt aller arabischen Völker unter einer
gemeinsamen Demokratie muss unser Ziel sein."
(Butrus al-Bustani: المجتمع العربي في عصر التنوير)
(Die arabische Gesellschaft in der Aufklärung), S.30).

Dabei besteht nach Auffassung der bedeutsamsten politischen und islam-theologischen Theoretiker des Panarabismus vor allem eine Notwendigkeit einer stufenweise, aufbauende und entfaltende Entwicklung. Zunächst müsste als Grundlage ein Kollektiv vom arabischen Volk durch ihre kulturelle Identität - insbesondere der arabischen Sprache und Kultur - im Sinne von Watan geschaffen werden. Dieses Kollektiv aufgrund ihrer allgemeinen kulturellen Identität von Watan ermöglicht einerseits eine Einheit des arabischen Volkes und andererseits die Schaffung und Zementierung einer arabischen kollektiven Identität (Rifaʿa at-Tahtawi: الحداثة الإسلامية (Islamischer Modernismus), S.45; Francis Marrash: التنوير والأمة (Aufklärung und Nation), S.67). Von dieser nun entstandenen und nachhaltigen kollektiven Identität erfolgt dann die Schaffung und Zementierung eines arabischen Nationalismus, der wiederum bildet die notwendige Voraussetzung hinsichtlich der Schaffung von arabischen Staaten im Nahen Osten in Abhängigkeit der jeweiligen kulturellen Identität (Rifaʿa at-Tahtawi: الحداثة الإسلامية (Islamischer Modernismus), S.46). Diese Staatsmodell soll Ansicht der politischen und islam-theologischen Theoretiker des Panarabismus nach dem französischen Staatsmodell gestaltet werden; und hat damit unmittelbare politische Auswirkungen auf Staatsgebiet, Staatsvolk und Staatsgewalt auf die Staaten im Nahen Osten (Butrus al-Bustani: المجتمع العربي في عصر التنوير (Die arabische Gesellschaft in der Aufklärung), S.30). Das wird vor allem deutlich an der Schaffung der Demokratie als dominierende Staatsform und der Trennung zwischen Islam und Religion im Sinne des Laizismus, d.h. die Regierung in Form von einem Parlament samt Minister und Präsident legitimiert ihre Autorität und staatliche Ordnung aus den demokratischen Wahlen des Volkes (Francis Marrash: التنوير والأمة (Aufklärung und

Nation), S.68; Rifaʿa at-Tahtawi: الحداثة الإسلامية (Islamischer Modernismus), S.48).

Das Volk als kollektive nationale Einheit ist damit die Volkssouveränität des Staates; und dadurch wird das Volk eingebunden in die politischen Entscheidungsfindung mittels der demokratisch legitimierte Wahlen (Rifaʿa at-Tahtawi: الحداثة الإسلامية (Islamischer Modernismus), S.47). Die Verfassung gewährleistet einen Schutz bezüglicher dieser Einheit als gesellschaftliche und politische Volkssouveränität unter Einschränkungen der Verfassung (Rifaʿa at-Tahtawi: الحداثة الإسلامية (Islamischer Modernismus), S.49).

Das Trennungsprinzip, ein wichtiger Bestandteil der Demokratie, sorgt dafür, dass Legislative, Exekutive und Judikative voneinander unabhängig agieren können. Diese Gewaltenteilung ist essenziell für den Erhalt des Rechtsstaatsprinzips, das die Grundlage für ein gerechtes und faires Zusammenleben bildet (Francis Marrash: التنوير والأمة (Aufklärung und Nation), S.74). Die Verfassung garantiert den Menschen-, Bürger-, Freiheits- und Gleichheitsrechten, die als Grundpfeiler der individuellen Freiheit und des sozialen Zusammenhalts fungieren (Rifaʿa at-Tahtawi: الحداثة الإسلامية (Islamischer Modernismus), S.55). Der Laizismus ist dabei ein zentrales Prinzip, das die Trennung von Religion und Staat betont und dadurch Freiheiten für eine pluralistische Gesellschaft ermöglicht, in der unterschiedliche Glaubensrichtungen friedlich koexistieren können (Rifaʿa at-Tahtawi: الحداثة الإسلامية (Islamischer Modernismus), S.55).

> *„Ein Staat, der religiöse Fesseln ablegt,*
> *öffnet die Türen zur Gleichheit.“*
>
> (Francis Marrash: التنوير والأمة
> (Aufklärung und Nation), S.76).

In diesem pluralistischen gesellschaftlichen Rahmen wird die Entscheidungsfindung durch die gesellschaftliche Mehrheit unterstützt, die sicherstellt, dass verschiedene Meinungen und Interessen Gehör finden. Die Vielfalt der Sichtweise innerhalb der Gesellschaft wird als Bereicherung angesehen und fördert einen kontinuierlichen Dialog, der notwendig ist, um den dynamischen Anforderungen des gesellschaftlichen Lebens gerecht zu werden (Rifaʿa at-Tahtawi: الحداثة الإسلامية (Islamischer Modernismus), S.58).

Die Schaffung und vor allem langfristige Stabilisierung dieser demokratischen Form des Staates im Sinne des Panarabismus bewirkt mach Auffassung der betreffenden politischen und islam-theologischen Theoretiker des Panarabismus zwei Auswirkungen, und zwar einerseits eine friedliche Koexistenz zwischen den arabischen Staaten im Nahen Osten und andererseits eine gesellschaftliche und politische Koexistenz samt Frieden mit anderen nicht-arabischen Staaten (Francis Marrash: التنوير والأمة (Aufklärung und Nation), S.77).

Insbesondere dienen die Schaffung und langfristige Stabilisierung dieser demokratisch politischen Form des Staates im Sinne des Panarabismus als politische Basis für die politische und gesellschaftliche Vertiefungen innerhalb der arabischen Staaten als arabische Gemeinschaft im Nahen Osten, um so das grundlegende Ziel der staatsübergreifenden Idee des Panarabismus zu erreichen und langfristig zu stabilisieren. Dieses grundlegende Ziel der staatsübergreifenden Idee des Panarabismus war die langfristige Schaffung von einem transnationalen Staatenverbund der arabischen Staaten von sämtlichen arabischen Staaten des Nahen Osten unter der politischen Vertretung einer demokratischen gewählten Regierung (Butrus al-Bustani: المجتمع العربي في عصر التنوير (Die arabische Gesellschaft in der Aufklärung), S.35; Rifaʿa at-Tahtawi: الحداثة الإسلامية (Islamischer Modernismus), S.82).

Struktur der staatsübergreifenden Idee des Panarabismus

Kampf gegen den europäischen Imperialismus im Nahen Osten

Änderung der gesellschaftlichen und politischen Bedeutung
der islamischen Religion

Schaffung eines Zeitalters der Aufklärung
in der arabischen Welt

Schaffung eines Kollektives von arabischen Menschen
durch ihre kulturelle Identität

Einheit des
arabischen Volkes

Schaffung und Zementierung
einer arabischen kulturellen
kollektiven Identität

Schaffung und Zementierung
eines arabischen Nationalismus

Schaffung von arabischen Staaten im Nahen Osten
in Abhängigkeit ihrer kulturellen kollektiven Identität

Übernahme des französischen Staatsmodells als Staatsmodell für die arabischen Staaten im Nahen Osten

| Staatsgebiet / Staatsvolk / Staatsgewalt | Konzentration auf die Geografie der arabischen Staaten im Nahen Osten |

- Volk als Kulturnation
- Laizismus
- Republik
- Primat der Politik
- Trennungsprinzip
- Demokratie
- Verfassung
- Volkssouveränität
- Wahlen ausschließlich unter demokratischen Bezugnahme der Gesellschaft

- Parlament → Regierung (Minister / Präsidenten)
- Entscheidungsfindung durch Mehrheit
- Gewaltenteilung
- Rechtsstaatsprinzip
- Menschen-/Bürger-/Freiheits-Gleichheitsrechte
- Pluralismus der Gesellschaft

| Demokratisierung und Frieden zwischen den arabischen Staaten im Nahen Osten | Frieden und Koexistenz mit anderen Ländern |

Staat als politische Basis für politische und gesellschaftliche Vertiefungen innerhalb der arabischen Staaten als politische und kulturelle Gemeinschaften im Nahen Osten

Staatenverbund der arabischen Staaten im Nahen Osten

6.2. Gemeinsamkeiten und Unterschiede der staatsübergreifenden Idee des Panarabismus als Pan-Bewegung im Nahen Osten am Ende des 19. Jahrhunderts

Die nachfolgenden Ausführungen umfassen eine fokussierte beschreibende und analytische Darstellung der grundlegenden Gemeinsamkeiten und Unterschiede der staatsübergreifenden Idee des Panislamismus und Panarabismus im Nahen Osten gegen Ende des 19.Jahrhunderts und Anfang des 20.Jahrhunderts. Die folgende Tabelle ermöglichen zunächst einen zusammenfassenden Überblick über die betreffenden Gemeinsamkeiten und Unterschiede, die in den darauffolgenden zwei Abschnitten detailliert beschreibend und analytisch dargestellt werden.

■ Gemeinsamkeiten ■ Unterschiede ■ teilweise Übereinstimmung

Panislamismus	Panarabismus
Kampf gegen den europäischen Imperialismus im Nahen Osten	Kampf gegen den europäischen Imperialismus im Nahen Osten
Änderung der gesellschaftlichen und politischen Bedeutung der islamischen Religion	Änderung der gesellschaftlichen und politischen Bedeutung der islamischen Religion
Re-Islamisierung und deren Modernisierung für Gesellschaft und Staat	Schaffung eines Zeitalters der Aufklärung in der arabischen Welt
Schaffung eines Kollektivs von Menschen mit islamischen Glaubensgrundsätzen durch die allgemeine kulturelle Identität und später zielgerichtete Reduktion der kulturellen Identität auf den Islam als der dominierende Inhalt der kulturellen Identität	Schaffung eines Kollektivs des arabischen Volkes durch die kulturelle Identität

Einheit des arabischen und schlussendlich zielgerichteten islamischen Volkes	Einheit des arabischen Volkes
Schaffung und Zementierung einer arabischen und schlussendlich zielgerichteten islamischen kollektiven Identität	Schaffung und Zementierung einer arabischen kollektiven Identität
Schaffung und Zementierung eines arabischen und schlussendlich zielgerichteten islamischen Nationalismus	Schaffung und Zementierung eines arabischen Nationalismus
Schaffung von arabischen und schlussendlich zielgerichteten islamischen Staaten im Nahen Osten in Abhängigkeit der kulturellen und schlussendlich zielgerichteten islamischen Identität	Schaffung von arabischen Staaten im Nahen Osten in Abhängigkeit ihrer kulturellen Identität
Umma als Staatsmodell für die Staaten im Nahen Osten	Übernahme des französischen Staatsmodells als Staatsmodell für die arabischen Staaten im Nahen Osten
Staatsgebiet / Staatsvolk / Staatsgewalt / Religion	Staatsgebiet / Staatsvolk / Staatsgewalt
Konzentration auf die Geografie der islamischen Staaten im Nahen Osten	Konzentration auf die Geografie der arabischen Staaten im Nahen Osten
Volk als Religionsgemeinschaft	Volk als Kulturnation
Re-Islamisierung samt Modernisierung	Laizismus

Theokratie	Republik
Primat des Islams	Primat der Politik
Einheitsprinzip	Trennungsprinzip
Theokratie	Demokratie
Verfassung	Verfassung
Volkssouveränität unter Einschränkung von islamischen Grundsätzen	Volkssouveränität
Widerstandrecht der Gesellschaft	Wahlen ausschließlich unter der demokratischen Bezugnahme der Gesellschaft
Kalif und Ministerrat	Parlament → Regierung (Minister / Präsident)
Entscheidungsfindung durch Auslegung von islamischen Grundsätzen und der gesellschaftlichen Mehrheit	Entscheidungsfindung durch gesellschaftliche Mehrheit
Einschränkung der Gewaltenteilung	Gewaltenteilung
Rechtsstaatsprinzip	Rechtsstaatsprinzip
Menschen-/Bürger-/Freiheits-/Gleichheitsrechte im Sinne des reformierten Islams	Menschen-/Bürger-/Freiheits-/Gleichheitsrechte
Monokulturalismus der Gesellschaft	Pluralismus der Gesellschaft
Re-Islamisierung samt Modernisierung und Frieden zwischen den islamischen Staaten im Nahen Osten	Demokratisierung und Frieden zwischen den arabischen Staaten im Nahen Osten
Frieden und Koexistenz mit anderen Ländern	Frieden und Koexistenz mit anderen Ländern

Staat als politische Basis für politische und gesellschaftliche Vertiefungen innerhalb der islamischen Staaten als islamische Gemeinschaft im Nahen Osten	Staat als politische Basis für politische und gesellschaftliche Vertiefungen innerhalb der arabischen Staaten als politische und kulturelle Gemeinschaft im Nahen Osten
Bundesstaat der islamischen Staaten im Nahen Osten im Sinne eines Kalifats	Staatenverbund der arabischen Staaten im Nahen Osten

6.2.1. Gemeinsamkeiten der staatsübergreifenden Idee des Panislamismus und Panarabismus als Pan-Bewegung im Nahen Osten am Ende des 19. Jahrhunderts

Die staatsübergreifende Idee des Panislamismus und Panarabismus im Nahen Osten am Ende des 19. Jahrhunderts umfasst mehrere gesellschaftliche und politischen Gemeinsamkeiten. Insbesondere kämpfen beide Panbewegungen gegen den europäischen Imperialismus im Nahen Osten und fordern eine gesellschaftliche und politische Änderung der gesellschaftlichen und politischen Bedeutung des Islam; dabei beansprucht der Panislamismus eine Re-Islamisierung samt Modernisierung und der Panarabismus eine Schaffung eines Zeitalters der gesellschaftlichen und politischen Aufklärung im Nahen Osten. Dazu fordern beide Panbewegungen eine Schaffung eines Kollektivs von Menschen auf der Grundlage der kulturellen Identität des arabischen Volkes, also Sprache, Kultur und Geschichte, deren Fortentwicklung eine kollektive politische arabische Identität realisiert, deren Basis ist dann die politische und kulturelle Einheit des arabisches Volkes und daraus resultiert eine Entwicklung eines arabischen Nationalismus und daraus wiederum eine Bildung eines arabischen Staates. Beide Panbewegungen streben die Schaffung von Staaten samt ihrer inneren und äußeren Unabhängigkeit, die die Volkssouveränität, Gewaltenteilung, Menschen-, Bürger-, Freiheits- und Gleichheitsrechten in den betreffenden Staaten als eine staatliche Notwendigkeit betrachten. Beide Panbewegung streben mit ihrer Idee nach Frieden und Koexistenz mit anderen Ländern. Eine weitere grundlegende Gemeinsamkeit besteht vor allem darin, dass der Panislamismus und der Panarabismus den Staat als die politische und gesellschaftliche Notwendigkeit für die Umsetzung der staatsübergreifenden Idee betrachtet, d.h. ohne einen unabhängigen Staat kann keine staatsübergreifende Idee im Sinne der Schaffung von einem transnationalem Staatsgebilde verwirklicht werden.

6.2.2. Unterschiede der staatsübergreifenden Idee des Panislamismus und Panarabismus als Pan-Bewegung im Nahen Osten am Ende des 19. Jahrhunderts

Panislamismus konzentriert sich auf die Re-Islamisierung und Modernisierung der Gesellschaft und des Staates. Ziel ist es, ein Kollektiv von Menschen mit islamischen Glaubensgrundsätzen zu schaffen, indem die kulturelle Identität auf den Islam als dominierenden Inhalt reduziert wird. Dies führt zur Einheit des islamischen Volkes und zur Schaffung einer kollektiven islamischen Identität. Der Panislamismus strebt die Schaffung und Zementierung eines islamischen Nationalismus an und möchte islamische Staaten im Nahen Osten etablieren, die auf der kulturellen und islamischen Identität basieren. Das bevorzugte Staatsmodell ist die Umma, und es wird ein starkes Gewicht auf die Religion gelegt, wobei das Volk als Religionsgemeinschaft betrachtet wird. Politisch gesehen favorisiert der Panislamismus die Theokratie, das Primat des Islams und das Einheitsprinzip. Die Entscheidungsfindung erfolgt durch die Auslegung islamischer Grundsätze und die gesellschaftliche Mehrheit, wobei die Gewaltenteilung eingeschränkt ist. Menschen-, Bürger-, Freiheits- und Gleichheitsrechte werden im Sinne des reformierten Islams interpretiert, und es wird ein Monokulturalismus der Gesellschaft angestrebt. Der Panislamismus sieht den Staat als politische Basis für die Vertiefung der islamischen Gemeinschaft im Nahen Osten und strebt einen Bundesstaat der islamischen Staaten im Sinne eines Kalifats an. Panarabismus hingegen zielt auf die Schaffung eines Zeitalters der Aufklärung in der arabischen Welt ab. Er strebt die Schaffung eines Kollektivs vom arabischen Volk durch die kulturelle Identität an, was zur Einheit des arabischen Volkes und zur Zementierung einer arabischen kollektiven Identität führt. Der Panarabismus fördert die Schaffung und Zementierung eines arabischen Nationalismus und möchte arabische Staaten im Nahen Osten etablieren, die auf ihrer kulturellen Identität basieren. Das bevorzugte Staatsmodell ist das französische, und es wird ein stärkerer Fokus auf die Politik gelegt, wobei das Volk als Kulturnation betrachtet wird. Politisch gesehen favorisiert der Panarabismus die Republik, den Laizismus, das Primat der Politik und das Trennungsprinzip. Die Entscheidungsfindung erfolgt durch die gesellschaftliche Mehrheit, und es wird eine klare Gewaltenteilung angestrebt. Menschen-, Bürger-, Freiheits- und Gleichheitsrechte werden allgemein anerkannt, und es wird ein Pluralismus der Gesellschaft gefördert. Der Panarabismus sieht den Staat als politische Basis für die Vertiefung der politischen und kulturellen Gemeinschaft im Nahen Osten und strebt einen demokratischen Staatenverbund der arabischen Staaten an.

6.3. Panislamismus und Panarabismus und deren Einfluss auf politische Bewegungen

Die eben dargestellten staatsübergreifenden theoretischen Ideen des Panislamismus und Panarabismus als Pan-Bewegung im Nahen Osten am Ende des 19.Jahrhunderts und Beginn des 20.Jahrunderts sind erstmal nur theoretische Ideen aus publizierten Werken und Briefwechseln von Philosophen, Theologen, Soziologen und Juristen, insbesondere Dschamal ad-Din al-Afghani (1838-1897) und seine Schüler Muhammad Abduh (1849-1905) und Rashid Rida (1865-1935) für den Panislamismus und Rifaʿa at-Tahtawi (1801-1873), Butrus al-Bustani (1819-1893) und Francis Marrash (1835/37-1873/74) für den Panarabismus. Es sind Gedanken und Ideen von politischen, philosophischen und theologischen Theoretiker mit der Absicht der gesellschattlichen Begründung einer politisch-demokratischen und politisch-laizistischen oder politisch-islamischen Bewegung.

Insbesondere die theoretischen Grundaussagen der staatsübergreifenden Idee des Panislamismus und Panarabismus von diesen Theoretikern verwirklichte bei der akademischen und religiösen Eliten des Nahen Osten ein großes Interesse; so beeinflusste einerseits der Panarabismus entscheidend die politische Bewegung der Nahda (نهضة) mit der grundlegenden politischen Tendenz der gesellschaftlichen und staatlichen Trennung von Staat und Religion und andererseits der Panislamismus entscheidend die islam-politische Bewegung des Salafismus (السلفية) und Wahhabitentums (وهَابية) mit der grundlegenden gesellschaftlichen und politischen Tendenzen der gesellschaftlichen und politischen Einheit von Staat und Religion samt zugleich der Unterordnung des Staates und Gesellschaft gegenüber den Glaubensgrundsätzen des Islams (Farah: Pan-Arabism and Arab nationalism, S.37).

Gedanken / Ideen von Panarabismus und Panislamismus
und deren Einfluss auf politische Bewegungen

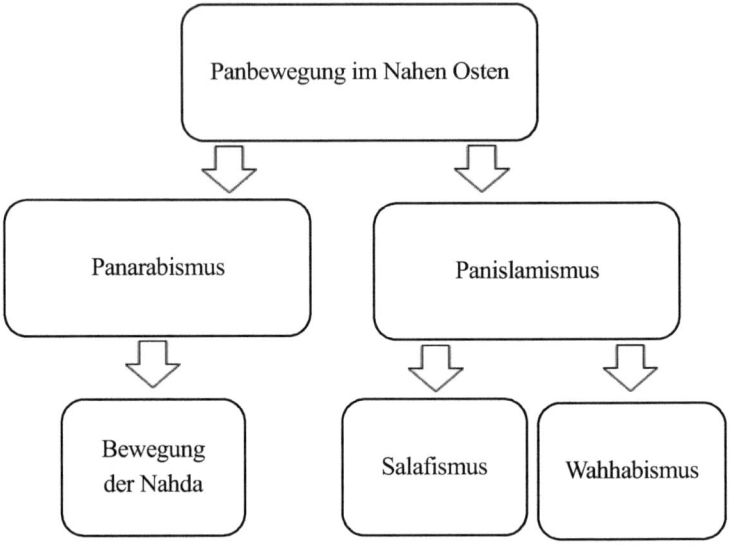

6.3.1. Panarabismus und deren Einfluss auf die politische Bewegung der Nahda

Die politische Bewegung der Nahda unter Bezugnahme des Panarabismus entstand in der bewussten gesellschaftlichen Wahrnehmung der politischen und gesellschaftlichen Herausforderungen der arabischen Gesellschaft aufgrund der Besetzung des geographischen Gebietes des Nahen Osten durch die europäischen Kolonialmächte im 19. und 20. Jahrhunderts. Ein grundlegendes Ziel der Nahda - Bewegung war daher das politische und gesellschaftliche Streben nach einer politischen Unabhängigkeit gegenüber den europäischen Kolonialmächten. Die Maßnahmen zur Erreichung des Zieles war die Schaffung und Zementierung von einem arabischen kulturellem

Kollektiv samt einem neuen Selbstbewusstsein innerhalb der arabischen Gesellschaft und gegenüber der europäischen Kolonialmächten im Nahen Osten (Ira: Islamic Societies to the Nineteenth Century - A Global History, in: Cambridge University Press 2012, S.200 (201); Hourani: Arabic Thought in the Liberal Age, S.80).

Die kulturelle Bewegung der Nahda strebte vor allem die Wiederbelebung und die Förderung der arabischen Sprache und Literatur unter Berücksichtigung der arabischen Geschichte an (Kurzman: Modernist Islam, in: Oxford University Press 2002, S.132 (133)).

Die politische Bewegung der Nahda wurde stark beeinflusst von der Zielsetzung der staatsübergreifenden Idee des Panarabismus bezüglich der Schaffung einer arabische Kulturnation durch die politische Vereinigung aller arabischen Staaten zu einem Staatenverbund und die Trennung der islamischen Religion gegenüber dem Staat und Gesellschaft (Ira: Islamic Societies to the Nineteenth Century - A Global History, in: Cambridge University Press 2012, S.200 (203)).

Die politische Bewegung der Nahda strebte die Schaffung einer arabische Kulturnation durch die politische Vereinigung aller arabischen Staaten zu einem Staatenverbund aufgrund der gemeinsamen Sprache, Kultur und Geschichte im Sinne der staatsübergreifenden Idee des Panarabismus an; dabei verneinte die politische Bewegung der Nahda vor allem das Kalifat als politisch-islamische Staatsform sowie auch die Einheit von Politik und Islam mit dem Primat des Islams und bejahte insbesondere einen demokratischen und laizistischen Staatenverbund auf der Basis der Volkssouveränität (Ira: Islamic Societies to the Nineteenth Century - A Global History, in: Cambridge University Press 2012, S.200 (201); Hourani: Arabic Thought in the Liberal Age, S.81).

6.3.2. Panislamismus und deren Einfluss auf die politischen Bewegungen des Salafismus und Wahhabitentums

Die staatsübergreifenden Ideen des Panislamismus - insbesondere die Einheit von Staat und Religion - beeinflussten sehr stark die staatsorganisatorischen Ideen der politischen Bewegungen des Salafismus und Wahhabitentums samt den politischen Auswirkungen auf die Staatsorganisation von einigen arabischen Staaten der Gegenwart; z.B. ist der Wahhabitentums die Staatsreligion von Saudi-Arabien und Katar. Der Panislamismus forderte die Einheit aller Muslime unter der Rückbesinnung auf islamische Werte und Traditionen unter Anpassung von Reformen (Lauziere: The Making of Salafism - Islamic Reform in the Twentieth Century, S.54); und insbesondere der Salafismus und Wahhabitentums beanspruchen auch unter der Beeinflussung der Idee des Panislamismus eine umfassende Rückbesinnung auf die islamischen Werte und Normen des islamischen Glaubens; hierbei hat jedoch der Panislamismus vor allem den Salafismus inhaltlich sehr stark beeinflusst (Meijer/Haykel: Global Salafism - Islam's New Religious Movement, in: Oxford University Press 2013, S.45 (47)).

Eine deutliche Erkennbarkeit des unmittelbaren Einflusses des Panislamismus sind vor allem die staatsorganisatorischen Ideen von Dschamal ad-Din al-Afghani und seinem Schüler Rashid Rida, die deutlich im Salafismus und Wahhabitentums erkennbar sind (Roy: Globalized Islam: The Search for a New Ummah, in: Columbia University Press 2004, S.266 (269); Valentine: Wahhabism in Saudi Arabia and Beyond, S.33); so befürworten der Salafismus und Wahhabitentums - genauso wie der Panislamismus - das Wiederaufleben eines Kalifats samt deren gesellschaftlichen und religiösen Auswirkungen (Hegghammer/Lacroix: Saudi Arabia in Transition, in: Cambridge University Press 2015, S. 151 (156)).

6.4. Grund vom Scheitern der politischen Umsetzung der staatsübergreifenden Idee des Panislamismus und Panarabismus in der Phase der Nationalstaaten

Die Umsetzung der staatsübergreifenden Idee einer Staatsform im Nahen Osten im Sinne vom Panislamismus und Panarabismus in der Phase der politischen und gesellschaftlichen Befreiung scheiterte vor allem an den fehlenden unabhängigen arabischen Staatsnationen. Die vorliegenden Ausführungen haben bereits dargelegt, dass die Schaffung und langfristige Zementierung von einem pannationalen Staatsgebilde als Grundvoraussetzung immer einen Staat mit einer inneren und äußere Souveränität als eine politische und gesellschaftliche Notwendigkeit verlangt. Dementsprechend kann kein pannationales Staatsgebilde geschaffen werden, sofern die politischen Bestandteile von diesem pannationalen Staatsgebilde, also die unabhängigen arabischen Staaten, nicht vorhanden sind; und aufgrund der militärischen Besetzung der arabischen Gebiete durch die europäischen Kolonialstaaten hatten die arabischen Staaten in der Phase der politischen und gesellschaftlichen Befreiung keine politische Unabhängigkeit. Die staatsübergreifende Idee des Panislamismus und Panarabismus war daher lediglich ein politisches und gesellschaftliches Gedankenspiel ohne eine tatsächliche Möglichkeit der politischen und gesellschaftlichen Umsetzung in der Phase der politischen und gesellschaftlichen Befreiung.

7. Phase der Unabhängigkeit und Nationenbildung im Nahen Osten

Zu Beginn des 20. Jahrhunderts lebten die meisten Menschen im Nahen Osten entweder unter der Autokratie im Osmanischen Reich oder einer Besatzungsmacht der europäischen Kolonialstaaten (Rashid: The Origins of Arab Nationalism, S.68; Kedourie: The McMahon-Husayn Correspondence and its Interpretations, S.15; Fürting: Zwischen Kolonialismus und Nationenbildung, in: bpb (13.12.2016), S.2). Eine kollektive Identität im Sinne eines Nationalismus des arabischen Volkes war nicht vorhanden, zwar existierten bereits zahlreiche gedankliche Ideen zur Schaffung und Zementierung des arabischen Nationalismus, aber diese Gedanken und Ideen von politischen, philosophischen und theologischen Theoretikern hatten zu Beginn des 20. Jahrhunderts kaum gesellschaftliche und politische Möglichkeiten der tatsächlichen Umsetzung. Erst zu Beginn des 1.Weltkrieges entstanden aufgrund von historischen Ereignissen auch die Möglichkeit der gesellschaftlichen und vor allem politischen Umsetzung dieser Ideen und Gedanken zur Schaffung eines arabischen Nationalismus im Nahen Osten (Rashid: The Origins of Arab Nationalism, S.68; Kedourie: The McMahon-Husayn Correspondence and its Interpretations, S.15; Fürting: Zwischen Kolonialismus und Nationenbildung, in: bpb (13.12.2016), S.2).

7.1. Briefkorrespondenz zwischen Henry McMahons und Sherifen Hussein von Mekka

Zu Beginn des 1.Weltkrieges entstand aufgrund der militärischen Konfrontation zwischen der Entente - also Großbritannien, Frankreich und Russland - und den Mittelmächten - also Deutschland, Österreich-Ungarn und Osmanisches Reich - eine Möglichkeit der Schaffung des arabischen Nationalismus im Nahen Osten, denn Großbritannien und Frankreich suchten in Nahen Osten einen militärischen Verbündeten für den militärischen Kampf gegen das Osmanische Reich und versprachen als Gegenleistung für diese militärische Unterstützung eine politische Gewährleistung für die Schaffung eines unabhängigen arabischen Staates nach dem Sieg über das Osmanische Reich (Kedourie: The McMahon-Husayn Correspondence and its Interpretations, S.14; Fürting: Zwischen Kolonialismus und Nationenbildung, in: bpb (13.12.2016), S.3). Der Anführer für diese militärische Unterstützung war nach Entscheidung von Großbritannien der Scherif Hussein von Mekka (1853/1856 - 1931). Er sollte nach dem Sieg des Osmanischen Reiches ein arabisches Kalifat im Sinne eines arabischen Einheitsstaates unter dem militärischen Schutz von Großbritannien und Frankreich gründen können (Kedourie: The McMahon-Husayn Correspondence and its Interpretations, S. 15). In diesem Kontext entstand eine Briefkorrespondenz zwischen Henry McMahon (1862-1949) als Britischer Hochkommissar in Ägypten und den Sherifen Hussein von Mekka. Die Briefwechsel zwischen Henry McMahon und Sheriff Hussein von Mekka umfassten insgesamt zehn Briefe von einem Zeitraum von Juli 1915 bis März 1916 (Kedourie: The McMahon-Husayn Correspondence and its Interpretations, S.16; Rashid: The Origins of Arab Nationalism, S.68; Fürting: Zwischen Kolonialismus und Nationenbildung, in: bpb (13.12.2016), S.3). In diesem Briefwechsel erklärte die Britische Regierung ihre politische Bereitschaft, die arabische Unabhängigkeit in einer geographischen Region nach dem 1.Weltkrieg anzuerkennen, und zwar im Gegenzug für die militärische Unterstützung vom Sheriffs von Mekka beim arabischen Aufstand gegen das Osmanische Reich (Kedourie: The McMahon-Husayn Correspondence and its Interpretations, S.14; Fertig: Zwischen Kolonialismus und Nationenbildung, in: bpb (13.12.2016), S.3; Rashid: The Origins of Arab Nationalism, S.68).

Brief Henry McMahons an den Sherifen Hussein von Mekka (1915)

Am 24. Oktober 1915 schrieb der britische Hochkommissar in Kairo, Sir Henry McMahon, an den Scherifen Hussein von Mekka:

> *„Die beiden Distrikte von Mersina und Alexandretta sowie Teile Syriens, die westlich der Distrikte von Damaskus, Homs, Hama und Aleppo liegen, kann man nicht als rein arabisch bezeichnen. Daher sollten sie von den geforderten Staatsgrenzen ausgeschlossen werden." (...) „Abgesehen von den genannten Änderungsvorschlägen ist Großbritannien bereit, die Unabhängigkeit der Araber in allen vom Scherifen von Mekka geforderten Gebieten anzuerkennen und zu unterstützen.*
>
> *Ich bin davon überzeugt, dass diese Erklärung Sie zweifellos von der Sympathie überzeugt, die Großbritannien ihren arabischen Freunden entgegenbringt. Sie wird eine feste und dauerhafte Allianz begründen, deren sofortiges Ergebnis die Vertreibung der Türken aus arabischen Ländern und die Befreiung der arabischen Völker vom türkischen Joch sein wird, das so lange auf ihnen lastete."*

Die schriftlichen Aussagen von McMahon wurden von Sheriff Hussein von Mekka und seinen arabischen Gefolgsleuten als verbindliche Zusage für die Schaffung eines unabhängigen arabischen Staates nach dem Sieg über das Osmanische Reich gewertet (Fürting: Zwischen Kolonialismus und Nationenbildung, in: bpb (13.12.2016), S.3). Trotz der militärischen Unterstützung von Sheriff Hussein von Mekka und seinen arabischen Gefolgsleuten wurde die betreffende Zusage für die Schaffung eines unabhängigen arabischen Staates durch die nachfolgende Teilung der Region des Osmanischen Reiches in nun von Großbritannien und Frankreich kontrollierten Gebiete im

Sinne vom Sykes-Picot-Abkommen im Mai 1916 gebrochen (Fürting: Zwischen Kolonialismus und Nationenbildung, in: bpb (13.12.2016), S.3).

7.2. Sykes-Picot-Abkommen

Das Sykes-Picot-Abkommen vom 16. Mai 1916 war eine geheime Vereinbarung zwischen den Regierungen von Großbritannien und Frankreich und unterteilte das Osmanische Reich nach seiner militärischen Niederlage in vier geographische und politische Einflusszonen; und zwar Großbritannien bekam die politische Kontrolle über eine Region von ungefähr dem heutigen Südirak und Jordanien sowie den geografischen Raum von Haifa; Frankreich bekam die politische Kontrolle über eine Region von ungefähr dem heutigen Nordirak, Südost-Türkei, Libanon und Syrien (Kitching: The Sykes-Picot agreement and lines in the sand, in: Historian 2015, S.18 (19); Vereté: The Balfour Declaration and Its Makers, in: Middle Eastern Studies 1970, S.48 (55)). Die Region von Palästina sollte völkerrechtlich vom Völkerbund verwaltet werden (Donaldson: The Sykes-Picot Agreement and Secret Treaty-Making, in: American Journal of International Law 2016, S.127 (128)). Das Sykes-Picot-Abkommen zwischen den Regierungen von Großbritannien und Frankreich stand im Widerspruch mit den inhaltlichen Zusagen an Sheriff Hussein von Mekka und seinen arabischen Gefolgsleuten bezüglich der Zusage für die Schaffung eines unabhängigen arabischen Staates. Die politische Aufteilung des Osmanischen Reiches erfolgte vor allem zugunsten von Großbritannien und Frankreich. Dennoch enthielt das Sykes-Picot-Abkommen auch einen Vermerk, dass die Staaten Großbritannien und Frankreich auch die politische Möglichkeit haben, einen unabhängigen arabischen Staat in den als A und B gekennzeichneten Regionen anzuerkennen und auch militärisch zu schützen (Donaldson: The Sykes-Picot Agreement and Secret Treaty-Making, in: American Journal of International Law 2016, S.127 (129)).

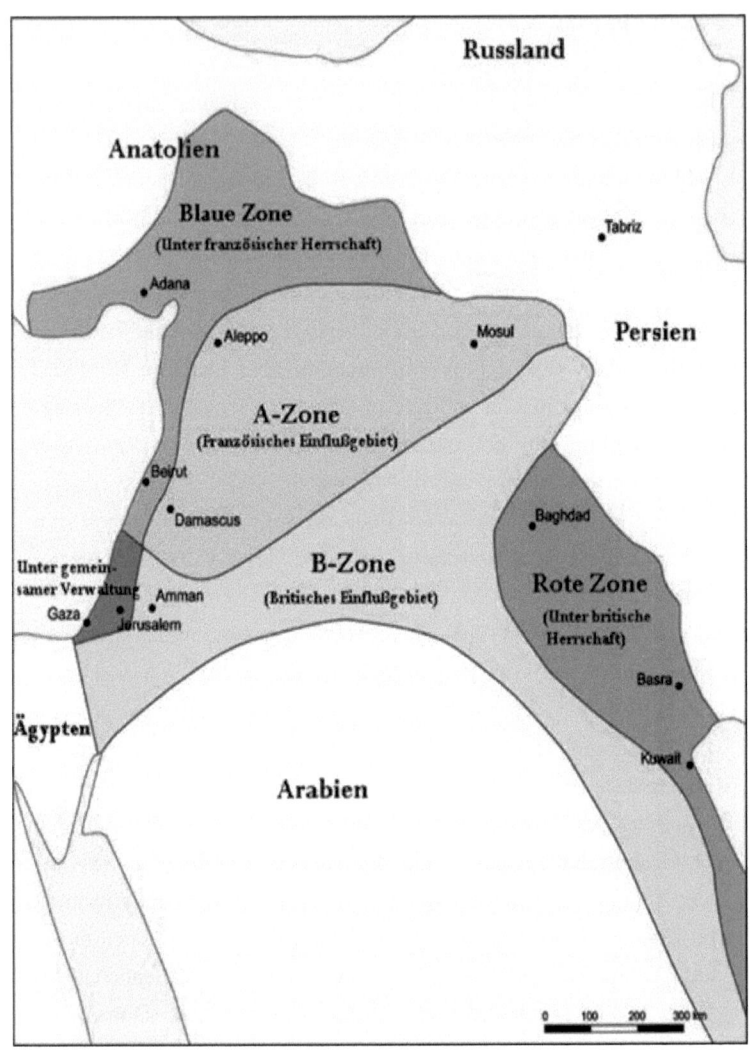

7.3. Balfour-Deklaration

Die Balfour-Deklaration war eine öffentliche Erklärung der britischen Regierung im Jahr 1917 und beinhaltete eine offizielle Ankündigung hinsichtlich der politischen Unterstützung für die Schaffung eines Staates für die jüdische Bevölkerung in Palästina (Fürting: Zwischen Kolonialismus und Nationenbildung, in: bpb (13.12.2016), S.3). Die öffentliche Erklärung war in einem Brief vom britischen Außenminister Arthur Balfour (1848-1930) vom 2. November 1917 an Lord Rothschild (1868-1937) in der offiziellen Funktion als Führer der britischen jüdischen Gemeinde enthalten; und wurde schließlich offiziell weitergeleitet an die Zionistische Föderation von Großbritannien und Irland (Friedman: The Question of Palestine: British-Jewish-Arab Relations, S.18). Die Erklärung wurde am 9. November 1917 in der Presse veröffentlicht (Mathew: The Balfour Declaration and the Palestine Mandate, in: British Journal of Middle Eastern Studies 2013, S.231 (233)).

Die Balfour-Deklaration (1917)

Mein lieber Lord Rothschild!

Zu meiner großen Genugtuung übermittle ich Ihnen namens S. M. Regierung die folgende Sympathie-Erklärung mit den jüdisch-zionistischen Bestrebungen, die vom Kabinett geprüft und gebilligt worden ist:

Seiner Majestät Regierung betrachtet die Schaffung einer nationalen Heimstätte in Palästina für das jüdische Volk mit Wohlwollen und wird die größten Anstrengungen machen, um die Erreichung dieses Ziels zu erleichtern, wobei klar verstanden wird, dass nichts getan werden soll, was die bürgerlichen und religiösen Rechte bestehender nichtjüdischer Gemeinschaften in Palästina oder die Rechte und die politische Stellung der Juden in irgendeinem anderen Lande beeinträchtigen könnte.

Ich bitte Sie, diese Erklärung zur Kenntnis der zionistischen Föderation zu bringen. gez.: James Balfour

Zusammenfassend beinhaltete die Balfour-Deklaration vor allem die umfassende Garantie und Unterstützung des britischen Schutzes für die politische und gesellschaftliche Schaffung eines jüdischen Staates in Palästina. Zudem erfolgten nun durch die offizielle Erklärung auch eine internationale Legitimität und Unterstützung für die politische und auch gesellschaftliche Schaffung eines jüdischen Staates in Palästina (Fürting: Zwischen Kolonialismus und Nationenbildung, in: bpb (13.12.2016), S. 3; Quigley: The Statehood of Palestine, S.22).

7.4. Entstehung der kollektiven nationalen Identität des arabischen Nationalismus

In der Phase der Unabhängigkeit und Nationenbildung bekam das arabische Volk seit vielen Jahrhunderten erstmals wieder die politische, religiöse und gesellschaftliche Möglichkeit der Schaffung eines arabischen Kalifats in Form einer Zusage von der britischen Regierung als Gegenleistung für ihre militärische Unterstützung beim Kampf gegen das Osmanische Reich. Diese Möglichkeit der Schaffung eines eigenen arabischen Staates verwirklichte bei der arabischen Gesellschaft eine starke emotionale Bindung und Loyalität innerhalb dieser Gemeinschaft und verwirklichte zugleich auch ein Zugehörigkeitsgefühl zu einem politischen Kollektiv mit bestimmten politischen Werten und Normen in der Kontextualisierung einer staatlichen Ordnung. Insofern hat diese Möglichkeit der Schaffung eines eigenen Staates als Symbol der Einheit, Zugehörigkeit und Unabhängigkeit die bereits vorhandene kulturelle Identität der arabischen Menschen aus Arkān al-Islām und Watan letztendlich zusammengeführt; und aus dieser Zusammenführung der gemeinsamen kulturellen Identitäten ist eine kollektive kulturelle Identität und letztendlich unter Berücksichtigung der Möglichkeit der Schaffung eines Staates eine potenzielle kollektive nationale Identität des arabischen Nationalismen entstanden. Der Bruch dieser Zusage gegenüber der arabischen Gesellschaft durch die britische Regierung mittels dem Sykes-Picot-Abkommen konnte die Zusammenführung der gemeinsamen kulturellen Identitäten zu einer kollektiven kulturellen Identität des arabischen Volkes nicht grundlegend in den gesellschaftlichen vorherigen Status quo zurückdrängen. Vielmehr verwirklichte der Bruch dieser Zusage eine Verstärkung der kulturellen und schließlich der kollektiven Identität des arabischen Volkes gegenüber den europäischen Kolonialmächten, denn der Vertrauensbruch mittels dem Sykes-Picot-Abkommen verwirklichte auch eine Verstärkung der Konstruktion des „Eigenen" (Islam) gegenüber dem „Anderen" (Christen) bei der arabischen Bevölkerung. Diese sozialen Effekte entstanden auch bei der Balfour-Deklaration, denn die Möglichkeit der Schaffung eines jüdischen Staates in Palästina auf der Grundlage der Balfour-Deklaration wurde von der arabischen Bevölkerung als unmittelbare Bedrohung ihrer kollektiven kulturellen Identität im Sinne der Konstruktion des „Eigenen" (Islam) und „Anderen" (Judentum) und auch ihrer kollektiven nationalen Identität im Sinne von territorialen Ansprüche auf die betreffende Gebiete angesehen. Diese historischen Gegebenheiten begründeten den Beginn der kollektiven nationalen Identität des arabischen Nationalismus.

8. Phase der Nationalstaaten im Nahen Osten

Die Phase der Nationalstaaten im Nahen Osten im Kontext der staatsübergreifenden Idee des Panislamismus und Panarabismus ist vor allem geprägt durch den abschließenden Dekolonisierungsprozess im Nahen Osten und die nun daraus resultierenden formellen entstandenen inneren und äußeren Unabhängigkeiten für alle Staaten im Nahen Osten sowie auch die zahlreichen politischen Einigungsversuche im Sinne des Panarabismus und Panislamismus.

8.1. Darstellung vom historischen Kontext der Phase der Nationalstaaten im Nahen Osten

Das Ende des Zweiten Weltkrieges beendet auch das europäische Kolonialsystem im Nahen Osten. Der Zweite Weltkrieg schwächte Großbritannien und Frankreich als Kolonialmächte, die nun weder finanziell noch militärisch oder auch politisch ihre Kontrolle über ihre Kolonien im Nahen Osten sichern konnten und verwirklichten dadurch einen Dekolonisierungsprozess im Nahen Osten. Dieser Dekolonisierungsprozess im Nahen Osten wird begünstigt durch die neue Charta der Vereinten Nationen und Atlantik-Charta; so bekräftigt die Charta der Vereinten Nationen

„die Achtung vor dem Grundsatz der Gleichberechtigung und Selbstbestimmung der Völker"

und die Atlantik-Charta

„das Recht aller Völker, sich jene Regierungsform zu geben, unter der sie zu leben wünschen. Die souveränen Rechte und autonomen Regierungen aller Völker, die ihrer durch Gewalt beraubt wurden, sollen wiederhergestellt werden".

(Rashid: The Origins of Arab Nationalism, S.72; Fürting: Zwischen Kolonialismus und Nationenbildung, in: bpb (13.12.2016), S. 2).

8.2. Liste der Staaten in Nahen Osten und deren formellen Unabhängigkeit von den europäischen Kolonialstaaten

Staat	Unabhängigkeit
Türkei	29. Oktober 1923 (Gründung der Republik Türkei)
Saudi-Arabien	23. September 1932 (Gründung des Königreichs)
Irak	3. Oktober 1932 (Unabhängigkeit von Großbritannien)
Libanon	22. November 1943 (Unabhängigkeit von Frankreich)
Syrien	17. April 1946 (Unabhängigkeit von Frankreich)
Jordanien	25. Mai 1946 (Unabhängigkeit von Großbritannien)
Kuwait	19. Juni 1961 (Unabhängigkeit von Großbritannien)
Jemen	30. November 1967 (Unabhängigkeit von Großbritannien)
Bahrain	15. August 1971 (Unabhängigkeit von Großbritannien)
Katar	3. September 1971 (Souveränität von Großbritannien)
Vereinigte Arabische Emirate	2. Dezember 1971 (Unabhängigkeit von Großbritannien)

(Quelle: Quelle: Kettermann, Atlas der Geschichte des Islams, S.147-148)

8.3. Scheitern der politischen Umsetzung der staatsübergreifenden Idee des Panislamismus und Panarabismus in der Phase der Nationalstaaten

Die Zementierung des arabischen Nationalismus durch die kollektive Identität und insbesondere die Entlassung der Staaten des Nahen Ostens in die politische Unabhängigkeit durch die europäischen Kolonialisten verwirklichte ein gesellschaftliches und politisches Fundament für die Umsetzung der Panbewegung im Sinne des Panislamismus und Panarabismus; und bereits unmittelbar nach dem 2. Weltkrieg erfolgten die ersten verbindlichen Planungen von politischen Einigungsversuchen von arabischen Staaten im Nahen Osten. Allerdings sind fast alle Einigungsversuche im Sinne des Panarabismus und Panislamismus gescheitert. Die Geschichte der arabischen Einigungsversuche in Form von Panarabismus und Panislamismus ist daher auch eine Geschichte des Scheiterns der arabischen Einigungsversuche in Form von Panarabismus und Panislamismus.

Die nachfolgenden Darstellungen zeigen die Auflistung von gescheiterten und erfolgreichen Projekten hinsichtlich von Panbewegungen im Sinne von Panislamismus und Panarabismus.

Darstellung der Auflistung von gescheiterten Projekte
hinsichtlich der Umsetzung von Panbewegungen im Sinne
von Panislamismus und Panarabismus

Zeitraum	Projekt	Staaten
1942-1951	Arabische Union	Irak, Syrien (Großsyrien)
1946-1948	Großsyrien	Jordanien, Libanon, Palästina, Syrien
1952-1956	Einheit des Niltals	Ägypten, Sudan

1960-1962	Großmarokko	Marokko, Mauretanien, Algerien
1961	Vereinigter Irak	Irak, Kuwait
1963	Vereinigte Arabische Republik	Ägypten, Irak, Syrien
1964-1965	Gemeinsamer Arabischer Markt	Ägypten, Irak, Jordanien, Syrien
1964-1966	Vereinigte Arabische Republik	Ägypten, Irak
1964-1967	Vereinigte Arabische Republik	Ägypten, Nordjemen
1964-1970	Union des Arabischen Maghreb	Algerien, Libyen, Marokko, Tunesien
1965	Vereinigte Arabische Republik	Ägypten, Schardscha
1967-1968	Einheitsstaat der sozialistischen Araber	Ägypten, Algerien, Irak, Syrien
1968	Föderation Arabischer Emirate	Vereinigte Arabische Emirate (VAE), Katar, Bahrain
1969	Vereinigte Arabische Republik	Ägypten, Irak, Syrien
1969-1970	Revolutionäre Arabische Front	Ägypten, Libyen, Sudan
1971-1973	Föderation Arabischer Republiken	Ägypten, Libyen, Syrien
1972	Vereinigte Arabische Republik	Ägypten, Irak, Syrien, PLO

1972	Libysch-Maltesische Bundesrepublik	Libyen, Malta
1972-1974	Vereinigtes Arabisches Königreich	Jordanien, Palästina
1972-1974	Arabische Islamische Republik	Libyen, Tunesien
1972-1977	Jemenitische Volksrepublik	Jemenitische Arabische Republik, Volks- demokratische Republik Jemen
1975-1976	Oberster Politischer Kommandorat	Jordanien, Syrien
1976-1977	Föderation Arabischer Republiken	Ägypten, Sudan, Syrien
1978-1979	Charta der gemeinsamen nationalen Aktion	Irak, Syrien
1979-1982	Jemenitische Volksrepublik	Jemenitische Arabische Republik, Volks- demokratische Republik Jemen
1980	Organische Union	Libyen, Syrien
1981	Dschamahirija	Libyen, Tschad
1982-1983	Konföderation Arabischer Staaten	Jordanien, Palästina
1982-1985	Integrale Union	Ägypten, Sudan
1983	Union des Arabischen Maghreb	Algerien, Mauretanien, Tunesien
1983-1984	Dschamahirija	Libyen, Tschad

1984-1986	Arabisch-Afrikanische Föderation	Libyen, Marokko
1985-1986	Konföderation Arabischer Staaten	Jordanien, Palästina
1986-1987	Arabische Union	Libyen, Sudan
1987	Arabische Union	Algerien, Libyen
1988	Konföderation Arabischer Staaten	Libyen, Palästina
1988-1989	Vereinigte Arabische Front	Irak, Syrien
1989-1990	Arabischer Kooperationsrat	Ägypten, Irak, Jordanien, Nordjemen
1990-1991	Vereinigter Irak	Irak, Kuwait
1990-1994	Integrale Union	Libyen, Sudan
1991-1993	Konföderation Arabischer Staaten	Jordanien, Palästina

(Quelle: Kettermann, Atlas der Geschichte des Islams, S165-166)

Darstellung der Auflistung von erfolgreichen Projekte hinsichtlich der Umsetzung von Panbewegungen im Sinne von Panislamismus und Panarabismus

Zeitraum	Projekt	Staaten
Seit 1971	Vereinigte Arabi- sche Emirate (VAE)	Abu Dhabi, Adschman, Fudschaira, Schardscha, Dubai, Umm al-Qaiwain
Seit 1990	Jemen	Nordjemen, Südjemen

(Quelle: Kettermann, Atlas der Geschichte des Islams, S.165-166)

8.4. Gründe für das Scheitern der politischen Umsetzung der staatsübergreifenden Idee des Panislamismus und Panarabismus in der Phase der Nationalstaaten

Die staatspolitische Umsetzung der staatsübergreifenden Idee einer Staatsform im Nahen Osten im Sinne vom Panislamismus und Panarabismus in der Phase der Nationalstaaten scheiterte an der Dominanz von einzelstaatlichen Interessen der arabischen Staatsnationen im Nahen Osten und deren staatlichen autoritären Unterdrückung einer kollektiven pannationalen Identität im Sinne des arabischen Nationalismus (Tibi: Vom Gottesreich zum Nationalstaat – Islam und panarabischer Nationalismus, S.71; Engin: Nation-Building, S.89). In der Phase der Nationalstaaten entstanden aufgrund von der Dekolonisationsphase zahlreiche Nationalstaaten im Nahen Osten. Allerdings erfolgte die Entstehung der Nationalstaaten im Sinne der europäischen Idee der Nationsbildung und der Nation ohne jegliche Berücksichtigung der gesellschaftlichen Entwicklung der kollektiven nationalen Identität im Sinne des arabischen Nationalismus (Antonius: The Arab Awakening, S.99; Engin: Nation-Building, S.92). Die arabischen Staaten wurden nach europäischen Mustern im Nahen Osten ohne dem Fundament eines zivilisatorischen Prozesses gegründet; und können daher auch als nominelle künstlich geschaffene Staaten ohne kollektive Identität bezeichnet werden (Tibi: Vom Gottesreich zum Nationalstaat – Islam und panarabischer Nationalismus, S.72; Engin: Nation-Building, S.92). Diese nominellen künstliche Nationalstaaten, deren Gebietsgrenzen durch eine Fremdherrschaft der europäischen Kolonialstaaten bestimmt wurden, haben aufgrund des erzwungenen künstlichen Zusammenhaltes der Ethnien und Religionen eine gesellschaftliche und politische Instabilität erhalten (Antonius: The Arab Awakening, S.100; Engin: Nation-

Building, S.92). Einige anschauliche Beispiele sind z.b. etwa Libanon, Irak und Ägypten mit mehreren Militärputschen, Putschversuchen oder auch zahlreiche ethnische und religiöse Aufstände sowie Konflikte zwischen unterschiedlichen Parteien (Tibi: Vom Gottesreich zum Nationalstaat – Islam und panarabischer Nationalismus, S.72; Engin: Nation-Building, S.92). Es entstand dadurch eine gesellschaftliche und insbesondere politische Instabilität als Basis für autoritäre Staatsformen und Regierungsformen (Tibi: Vom Gottesreich zum Nationalstaat – Islam und panarabischer Nationalismus, S.73; Antonius: The Arab Awakening, S.102). Dadurch entstand wiederum eine politische Stärkung des territorialen Nationalismus im Sinne des Konzept von Watan (وطن) und zugleich eine politische Schwächung der staatsübergreifenden Idee des arabischen Nationalismus als Staatsform im Sinne des Panislamismus und Panarabismus (Tibi: Vom Gottesreich zum Nationalstaat – Islam und panarabischer Nationalismus, S. 74; Engin: Nation-Building, S.93). Die Stärkung des Konzepts von Watan diente zugleich als politische und gesellschaftliche Zementierung der autoritären Staatsformen und Regierungsform (Engin: Nation-Building, S. 93). Angesichts dessen erfolgte nun eine Durchsetzung der politischen und gesellschaftlichen Entwicklung des territorialen Nationalstaats gegenüber den Panbewegungen im Sinne des Panislamismus und Panarabismus; und dadurch zugleich eine weitere Zementierung der politischen Stärkung der autoritären Staatsformen und Regierungsform in den einzelnen arabischen Staaten und auch zugleich eine bewusste oder unbewusste gesellschaftliche Akzeptanz der autoritären Staatsformen und Regierungsform in den arabischen Staaten als übergeordnete Instanz mit der Kompetenz der gesellschaftlichen und politischen Bestimmung der kollektiven nationalen Identität in Abhängigkeit des Nationalstaates als Garant für den Führungsanspruch der autoritären Staatsformen und Regierungsform (Tibi: Vom Gottesreich zum Nationalstaat – Islam und panarabischer Nationalismus, S.74; Engin: Nation-Building, S.93). Aus diesem Grund entstand auch kein staatenübergreifender Nationalismus als Basis für die staatsübergreifende Idee des arabischen Nationalismus als Staatsform im Nahen Osten im Sinne des Panislamismus und Panarabismus. Dabei haben die jeweiligen autoritären Staatsformen und Regierungsformen auch immer wieder jede beginnende kollektive pannationale Identitätsbildung beim jeweiligen Staatsvolk durch staatliche Repressionen abgewendet (Engin: Nation-Building, S.93). Angesichts dessen entstand im Nahen Osten ein gegenseitiges Misstrauen zwischen den einzelnen Bevölkerungsgruppen (in Syrien: Araber-Kurden / Alewiten-Sunniten; im Irak: Kurden-Araber/Schiiten-Sunniten, im Libanon: Muslime-Christen usw.). Die Nationsbildung der Staaten im Nahen Osten verlaufen seit Beginn des 20. Jahrhunderts auf diesem gesellschaftlichen und politischen Fundament, da die oft als Unterdrückungsmaschinerie wirkenden Zentralregierungen nicht in der Lage waren, die religiösen, ethnischen und kulturellen Gruppen zu einem nationalen Kollektiv zu vereinen (Engin: Nation-Building, S.93; Tibi: Vom Gottesreich zum Nationalstaat – Islam und panarabischer Nationalismus, S.74).

9. Gegenwart vom Panislamismus und Panarabismus

Eine wissenschaftliche historische Auseinandersetzung vom Panislamismus und Panarabismus als staatsübergreifende Idee einer Staatsform im Nahen Osten und deren politischen und gesellschaftlichen Abhängigkeit vom arabischen Nationalismus im Prozesses der Nationsbildung der Staaten im Nahen Osten erfordert unter Gesichtspunkten ihrer wissenschaftlichen Vollständigkeit auch immer eine kritisch gegenwartsbezogene Auseinandersetzung.

Die staatsübergreifende Idee einer Staatsform im Nahen Osten in einer - oftmals nur noch rudimentären inhaltlichen - Anlehnung des Panislamismus und / oder Panarabismus kann gegenwärtig in vier grundlegende islam-politische Panbewegung im Nahen Osten eingeteilt werden; und zwar der Panarabismus der Arabischen Liga, der Panislamismus vom Golf-Kooperationsrat unter der politischen Führungsmacht von Saudi-Arabien und der Panislamismus von der Islamischen Republik Iran und der Islamischen Terrorgruppen.

9.1. Panarabismus der Liga der Arabischen Staaten

Eine Panbewegung des Panarabismus umfasst vor allem die Idee des konföderationalen Panarabismus der Liga der Arabischen Staaten. Die Liga der Arabischen Staaten (Arabische Liga) (جامعة الدول العربية) ist eine Internationale Organisation von 21 souveränen arabischen Staaten sowie dem völkerrechtlich nicht vollständig anerkannten Staat Palästina (Emig: Die Liga der arabischen Staaten, S. 12). Die Gründung der Liga der Arabischen Staaten erfolgte am 22. März 1945 in Kairo mit den grundlegenden zwei Zielsetzungen; und zwar einerseits die wirtschaftliche, politische, soziale, gesellschaftliche und kulturelle Zusammenarbeit der arabischen Staaten und andererseits die politische Zusammenführung der arabischen Staaten (Rüdiger / Schlicht / Saleem: Kollektive Identität im Nahen und Mittleren Osten, S. 88). Insbesondere die politische Zusammenführung der arabischen Staaten wurde im September 1944 von den Gründungsstatten der Arabischen Liga (Ägypten, Libanon, Irak, Syrien und Transjordanien) intensiv diskutiert; dabei erörterte die betreffenden Gründungsstaaten insgesamt drei verschiedene Möglichkeiten der politischen Zusammenführung der arabischen Staaten (Rüdiger / Schlicht / Saleem: Kollektive Identität im Nahen und Mittleren Osten, S. 89). Die weitestgehende Idee umfasste die Gründung eines militärischen Staates samt einer zentralen politischen Autorität unter dem vollständigen Verlust der politischen Autorität der beteiligten arabischen Staaten und dem vollständigen politischen Aufgehen in einen einzelnen Staat (Staatenbund) (Rüdiger / Schlicht / Saleem: Kollektive Identität im Nahen und Mittleren Osten, S. 90; Emig: Die Liga der arabischen Staaten, S. 45). Weiterhin wurde eine föderative Idee im Kontext der Liga der Arabischen Staaten diskutiert, die beinhaltet die Schaffung eines gemeinsamen Parlaments und einer gemeinsamen Regierung und teilweise Verlust der politischen Autorität der beteiligten arabischen Staaten unter Beibehaltung der arabischen Staaten als Einzelstaaten (Bundesstaaten) (Rüdiger / Schlicht / Saleem: Kollektive Identität im Nahen und Mittleren Osten, S. 90). Eine weitere Idee umfasste die Schaffung der Liga der Arabischen Staaten als eine Konföderation ohne jegliche politische Zentralgewalt und ohne Verlust der politischen Autorität der beteiligten arabischen Staaten; dabei sollten sämtliche Beschlüsse der Liga der Arabischen Staaten vor allem einen empfehlenden statt verbindlichen Charakter haben (Emig: Die Liga der arabischen Staaten, S. 45). Die dritte Idee bezüglich der Konföderation im Kontext der Schaffung der Liga der Arabischen Staaten hatte sich dann schlussendlich bei beteiligten Staaten politisch durchgesetzt, denn Syrien und Libanon waren immer noch von Frankreich politisch abhängig,

Saudi-Arabien wollte keinen starken politischen Zusammenschluss und sowohl Ägypten als auch Irak und Transjordanien wollten jeweils die alleinige politische Führerschaft in der arabischen Welt (Rüdiger / Schlicht / Saleem: Kollektive Identität im Nahen und Mittleren Osten, S. 89). Am 11. Mai 1945 erfolgte unter Bezugnahme der Idee der Konföderation die Gründung der Liga der Arabischen Staaten von Transjordanien, Irak, Syrien, Ägypten, Libanon, Saudi-Arabien und Nord-Jemen (Rüdiger / Schlicht / Saleem: Kollektive Identität im Nahen und Mittleren Osten, S. 90). Weitere arabische Staaten wurden im Laufe der Zeit offizielle Mitglieder der Liga der Arabischen Staaten; und zwar Libyen (1953), Sudan (1956), Marokko, Mauretanien und Tunesien (1958), Kuwait (1961), Algerien (1962), (Süd-)Jemen und die Vereinigten Arabischen Emirate (1967), Bahrain, Oman und Katar (1971), Palästina (ohne Staatlichkeit) und Somalia (1976), Djibouti (1977) und Komoren (1993) und schließlich haben Eritrea und Brasilien (seit 2003), Venezuela (seit 2006) und Indien (seit 2007) einen Beobachterstatus (Rüdiger / Schlicht / Saleem: Kollektive Identität im Nahen und Mittleren Osten, S. 90).

Die gegenwärtigen Ziele und Aufgaben der Liga der Arabischen Staaten werden im Artikel 2 der Charta der Liga der Arabischen Staaten formuliert:

„Der Zweck der Liga ist, die Beziehungen zwischen den Mitgliedsstaaten enger zu gestalten und ihre politische Aktivität mit dem Ziel aufeinander abzustimmen, eine engere Zusammenarbeit und den Schutz ‚ihrer Unabhängigkeit und Souveränität zu sichern und im Allgemeinen die Interessen der arabischen Länder wahrzunehmen.“

Auffallend ist vor allem, dass die staatliche Souveränität und Unabhängigkeit der arabischen Staaten als grundlegende Zielsetzung genannt werden, und damit sich eigentlich im Widerspruch befindet mit der grundlegenden Idee einer politischen Einheit im Sinne des Panarabismus. Trotzdem gehört die Liga der Arabischen Staaten zur gegenwärtigen Panbewegung im Sinne des Panarabismus mit einem staatsübergreifenden Charakter, denn eine wesentliche Zielsetzung der Liga der Arabischen Staaten ist die staatenübergreifende Förderung der arabischen Sprache, Kultur und Geschichte zur Stärkung und Zementierung der kulturellen Identität des arabischen Volkes und zugleich der kollektiven Identität des arabischen Volkes im Nahem Osten. So formuliert die ALECSO (Arab League Educational, Cultural und Scientific Organisation) als Organisation der Liga der Arabischen Staaten in der Präambel folgendermaßen:

„ Unsere Zielsetzung ist die Stärkung und die Festigung
der arabischen Identität in der arabischen Gesellschaft
mit unseren arabischen Werten und Normen von Kultur,
Sprache und Geschichte, um dieses individuelle und kollektive
Ziel zu erreichen, sind Lernen, Verinnerlichung und Erinnern
dieser arabischen Werte und Normen durch Ausbildung in
Schule, Universitäten und Gesellschaft notwendig. "

Die Liga der Arabischen Staaten ist daher eine Panbewegung des konföderationalen Panarabismus der staatenübergreifenden Förderung der arabischen Sprache, Kultur und Geschichte zur Stärkung und Zementierung der kulturellen und kollektiven Identität des arabischen Volkes im Nahem Osten.

9.2. Panarabismus vom Golf-Kooperationsrat

Eine weitere momentane Panbewegung im Sinne des Panarabismus besteht im Nahen Osten durch den Golf-Kooperationsrat. Der Golf-Kooperationsrat (مجلس التعاون لدول الخليج العربية) wurde am 25. Mai 1981 in Abu Dhabi durch die arabischen Staaten Bahrain, Katar, Kuwait, Oman, Saudi-Arabien und Vereinigten Arabischen Emirate gegründet, und hat gegenwärtig drei grundlegende Zielsetzungen; und zwar die militärische und religiöse Eindämmung der Islamischen Republik von Iran, die wirtschaftliche und militärische Zusammenarbeit mit den USA und der EU und die staatenübergreifende Förderung und Zementierung der sunnitisch-wahhabitischen Glaubensgrundsätze in der arabischen Gesellschaft im Nahen Osten (Hanieh: The Gulf Cooperation Council, S. 22). Vor allem die staatenübergreifende Förderung und Zementierung der sunnitisch-wahhabitischen Glaubensgrundsätze in der arabischen Gesellschaft im Nahen Osten hat deutlich den Charakter einer Panbewegung im Sinne des Panislamismus. Hierbei hat insbesondere Saudi-Arabien eine einflussreiche Führungsposition und beeinflusst sehr stark diese Förderung und Zementierung, denn die sunnitisch-wahhabitischen Glaubensgrundsätze sind die Staatsreligion von Saudi-Arabien; und jede Stärkung der sunnitisch-wahhabitischen Glaubensgrundsätze bedeutet zugleich auch eine gesellschaftliche und religiöse Stärkung des Könighauses von Saudi-Arabien gegenüber den gesellschaftlichen und vor allem religiösen internen oder / und externen Einflussnahmen (Tausch: The Future of the Gulf Region, S. 32; Hanieh: The Gulf Cooperation Council, S. 22).

Der Golf-Kooperationsrat ist daher eine politische und gesellschaftliche Panbewegung des konföderationalen Panarabismus der staatenübergreifenden Förderung der arabischen Kultur im Sinne von den sunnitisch-wahhabitischen Glaubensgrundsätze zur Stärkung und Zementierung der kulturellen und kollektiven Identität des arabischen Volkes im Nahem Osten und zugleich der Stärkung und Zementierung des religiösen, wirtschaftlichen und gesellschaftlichen gegenwärtigen und zukünftigen Status von Saudi-Arabien im Nahen Osten.

9.3. Panislamismus von der Islamischen Republik Iran

Eine Panbewegung im Sinne des Panislamismus wird auch von der Islamischen Republik Iran repräsentiert, die seit der Islamischen Revolution von 1979 durchgehend autoritär von schiitischen Religionsführern regiert wird. Seit der Islamischen Revolution von 1979 ist eine grundlegende Staatszielbestimmung und Strategie der Außenpolitik der Islamischen Republik Iran der proklamierte Revolutionsexport von Chomeini (1900/1902-1989). Dieser proklamierte Revolutionsexport umfasst den gesellschaftlichen und insbesondere den politischen Auftrag der langfristigen und nachhaltigen Verbreitung und Zementierung des Islamischen Glaubens des Schiitentums in den Ländern vom Nahen Osten samt der islam-politischen Vereinigung aller Länder vom Nahen Osten zu einem gemeinsamen islam-schiitischen Staat (Buchan: The Revolution in Iran and its Consequences, S. 90; Esposito: The Islamic Revolution - Its Global Impact, S. 81).

„Der wahre Islam ist unsere Rettung. Die Rettung durch den wahren Islam ist unsere Aufgabe und Verpflichtung. Die Aufgabe und Verpflichtung bestehen in die Verbreitung des wahren Islams. Die Verbreitung des wahren Islams erfolgt zuerst in unseren arabischen Nachbarländern und später in der gesamten arabischen Welt.“

Chomeini, 11. Mai 1980, Teheran

*„Angesichts des Inhalts der Islamischen Revolution im Iran, die
eine Bewegung für den Sieg der Unterdrückten über die Arroganten
war, bietet die Verfassung die Grundlage für die Fortsetzung dieser
Revolution und der Verbreitung des Islams im In- und Ausland,
insbesondere durch den Ausbau der internationalen Beziehungen
zu anderen islamischen Staaten, um den Weg für die Bildung einer
einheitlichen islamischen Weltnation zu ebnen und den Kampf für
die Erlösung fortzusetzen unterdrückter und benachteiligter
Nationen auf der ganzen Welt."*

Präambel der iranischen Verfassung

Daher ist die Panbewegung im Sinne des Panislamismus auch kein
Panislamismus, sondern vielmehr ein Paniranismus. Die Maßnahmen zur Erreichung der langfristigen und nachhaltigen Verbreitung
und Zementierung des islamischen Glaubens des Schiitentums in
den Ländern vom Nahen Osten samt der islam-politischen Vereinigung aller Länder des Nahen Ostens zu einem gemeinsamen islam-
schiitischen Staat sollen durch wirtschaftliche und vor allem militärische Unterstützung verwirklicht werden (Abrahamian: History
of Modern Iran, S.55; Esposito: The Islamic Revolution - Its Global
Impact, S.81). Bereits nach der Islamischen Revolution im Jahre 1979
beabsichtigte das iranische Regime eine Ausweitung der Islamischen
Revolution zunächst in den ebenfalls mehrheitlich schiitischen Irak,
Nord-Jemen und ab dem Jahr 1982 im Libanon (Buchan: The Revolution in Iran and its Consequences, S.91). Allerdings scheiterte
die Ausweitung der Idee der nachhaltigen Verbreitung und Zementierung des Islamischen Glaubens des Schiitentums in den Ländern
vom Nahen Osten samt der islam-politischen Vereinigung aller
Länder des Nahen Ostens zu einem gemeinsamen islam-schiitischen
Staat (Abrahamian: History of Modern Iran, S.57; Esposito: The
Islamic Revolution – Its Global Impact, S.83).

Nach dem Tod von Chomeini im Jahr 1989 versuchte die Islamische Republik von Iran erst wieder im Jahr 1991 mit Unterstützung
von irakischen aufständischen Gruppen im Irak eine Islamische
Revolution nach dem Vorbild der Islamischen Revolution von 1979
zu verwirklichen, jedoch scheiterte auch dieser Revolutionsexport
(Buchan: The Revolution in Iran and its Consequences, S.94). Auch
gegenwärtig erfolgen grundlegende mittelbare und unmittelbare
finanzielle und militärische Maßnahmen des Paniranismus im
Nahen Osten durch die Islamische Republik Iran. Die Islamische
Republik Iran unterstützt momentan finanziell und militärisch ver-
stärkt die schiitischen Bewegungen im Irak und Libanon sowie auch
die Hamas im Gazastreifen und den Palästinensischen Islamischen
Jihad in Damaskus (Esposito: The Islamic Revolution - Its Global
Impact, S.83).

9.4. Panislamismus von islamischen Terrorgruppen

Eine weitere gegenwärtige Panbewegung des Panislamismus be-
steht im Kontext der radikalen islamischen Terrororganisationen im
Nahen Osten, insbesondere die radikale islamische Terrororganisation
Al-Qaida (القاعدة) und IS (الدولة الإسلامية). Eine grundlegende Ziel-
setzung im Sinne einer staatsübergreifenden Idee dieser radikalen
islamischen Terrororganisationen ist die Vereinigung aller islamischen
Länder zu einem islamischen Gottesstaat als Einheit des Islams im
Sinne der Umma als die Urform des Islams unter einer extremistischen
Interpretation der der religiösen Einhaltung der islamischen Glaubens-
grundsätzen und des islamischen Rechts und der strengen Ablehnung sämtlicher anderen Glaubensrichtungen und der säkularen
Lebensweisen (Napoleoni: The Islamic State and the Redrawing of
the Middle East, S.37; Jackson: Islamic Terrorism in Political and
Academic Discourse, in: Government and Opposition 2007, S.394
(401)). Die ideologischen Grundlagen für die radikalen islamischen

Auslegungen der islamischen Glaubenssätze sind der Salafismus (Cordesman: Islam and the Patterns in Terrorism and Violent Extremism, S.28), der - wie bereits die vorliegenden Ausführungen dargelegt haben - seine ideologischen Grundlagen und Beein- flussungen durch die Werke von Dschamal ad-Din al-Afghani und seinem Schüler Muhammad Abduh den bedeutsamsten politischen und islam-theologischen Theoretiker des Panislamismus erhalten haben; und dadurch ein mittelbares oder teilweise auch unmittelbares Ergebnis der politischen und religiösen Lehren - auch der staats- übergreifenden Idee - des Panislamismus darstellen. In den letzten Jahren ist der politische Einfluss der radikalen islamischen Terror- organisationen und deren radikalen islamischen Gedankengut der staatsübergreifende Idee hinsichtlich der Vereinigung aller islamischen Länder zu einem islamischen Gottesstaat als Einheit des Islams dank der internationalen Zusammenarbeit der Weltgemeinschaft sehr stark reduziert worden, trotzdem existiert dieses radikale islamische Gedankengut immer noch als wesentlicher Bestandteil in vielen Teilen der Gesellschaft und Politik vom Nahen Osten und beein- flusst daher immer noch mittelbar oder sogar unmittelbar die gegenwärtige islamische Gesellschaft und Politik im Nahen Osten (Napoleoni: The Islamic State and the Redrawing of the Middle East, S.37; Cordesman: Islam and the Patterns in Terrorism and Violent Extremism, S.28).

10. Wettstreit zwischen dem Panarabismus als laizistischen staatsübergreifenden Staatsform und dem Panislamismus als islamischen staatsübergreifenden Staatsform

Vor etwa 150 Jahren entstanden die ersten schriftlichen Gedanken im Kontext der Panbewegung im Sinne des Panislamismus und Panarabismus im Nahen Osten; und nun kann in der Gegenwart rückblickend deutlich dargelegt werden, ob gegenwärtig der Panarabismus als laizistische staatsübergreifende Staatsform oder der Panislamismus als islamische staatsübergreifende Staatsform sich gesellschaftlich und insbesondere politisch in den Staaten im Nahen Osten durchgesetzt hat. Zusammenfassend kann gesagt werden, dass weder der Panarabismus noch der Panislamismus seine langfristigen gesellschaftlichen und politischen Ziele im Nahen Osten erfolgreich verwirklicht haben. Es existiert kein Bundesstaat der islamischen Staaten im Nahen Osten im Sinne eines Kalifats auf den politischen und religiösen Gedanken von einer islamischen staatsübergreifenden Staatsform des Panislamismus und es existiert auch kein Staatenverbund der arabischen Staaten im Nahen Osten auf den politischen und religiösen Gedanken von einer laizistischen staatsübergreifenden Staatsform des Panarabismus. Damit sind zwar die gesellschaftlichen und politischen Umsetzungen der langfristigen Ziele der staatsübergreifenden Idee des Panislamismus und Panarabismus gescheitert, trotzdem hat die Panbewegung im Sinne des Panislamismus und des Panarabismus nachhaltige gesellschaftliche und politische Auswirkungen in den Staaten im Nahen Osten verwirklicht. Zunächst beeinflussten die politischen und islamischen theoretischen Grundaussagen der staatsübergreifenden Idee des Panislamismus und Panarabismus am Ende des 19.Jahrhunderts und Beginn des 20.Jahrhunderts entscheidend die politische Bewegung der Nahda (نهضة) durch den Panarabismus mit der grundlegenden politischen Tendenz der gesellschaftlichen und staatlichen Trennung von Staat und Religion und die politische Bewegung des Salafismus (السلفية) und Wahhabitentums (وهَّابية) durch den Panislamismus mit der grundlegenden gesellschaftlichen und politischen Tendenzen der gesellschaftlichen und politischen Einheit und zugleich auch der allgemeinen Unterordnung durch die Glaubensgrundsätze des Islams. Dadurch prägte die staatsübergreifende Idee des Panislamismus und Panarabismus mittelbar die gesellschaftliche und politische Gestaltung der Staaten im Nahen Osten mittels der politischen Bewegungen von Nahda (نهضة), Salafismus (السلفية) und Wahhabitentums (وهَّابية). Im heutigem Nahen Osten sind vor allem die wirtschaftlich und militärisch führenden Staaten vom Salafismus und insbesondere Wahhabitentums stark politisch und gesellschaftlich geprägt; und zwar Saudi-Arabien, Katar und Vereinigten Arabischen Staaten. Damit erfolgt auch eine politische und gesellschaftliche richtungsweisende Politik im Nahen Osten für alle arabischen Staaten, da eben die betreffenden dominierenden Staaten eine richtungsweisende Politik aufgrund von Religion und Wirtschaft verwirklichen. Die politische Bewegung der Nahda (نهضة) hat momentan keinen wesentlichen gesellschaftlichen und politischen Einfluss auf die arabischen Staaten mit einem langfristigen gesellschaftlichen und politischen Charakter. Des Weiteren forderte der Panislamismus eine Re-Islamisierung samt Modernisierung und ein Primat des Islams in sämtlichen gesellschaftlichen und politischen Bestimmungen; und bei einen umfassenden Überblick haben sämtliche Staaten im Nahen Osten eine gesellschaftliche und politische Prägung von den islamischen Glaubensgrundsätzen. Eine laizistische Prägung nach dem Prinzip des Panarabismus haben - mit Ausnahme von Israel - kein einziger Staat im Nahen Osten.

Staat	Rang	Demokratie-Index	Staatsform	Primat der Religion
Israel	29	7,93	vollständige Demokratie	(-)
Tunesien	85	5,81	Hybridregime	✓
Libanon	108	4,68	Hybridregime	✓
Gebiete von Palästina	109	4,64	Hybridregime	✓
Irak	116	4,06	Hybridregime	✓
Jordanien	118	3,93	Autoritäres Regime	✓
Kuwait	120	3,85	Autoritäres Regime	✓
Marokko	121	3,82	Autoritäres Regime	✓
Algerien	124	3,66	Autoritäres Regime	✓
Ägypten	132	3,06	Autoritäres Regime	✓
Katar	137	2,92	Autoritäres Regime	✓
Oman	139	2,85	Autoritäres Regime	✓
VAE	140	2,80	Autoritäres Regime	✓
Bahrain	144	2,64	Autoritäres Regime	✓
Jemen	151	2,21	Autoritäres Regime	✓

Iran	154	2,16	Autoritäres Regime	✓
Saudi-Arabien	155	2,10	Autoritäres Regime	✓
Libyen	156	2,02	Autoritäres Regime	✓
Syrien	162	1,43	Autoritäres Regime	✓
10 = Höchste Demokratiequalität				
0 = niedrigste Demokratiequalität				

(Quelle: Demokratieindex 2022)

Zusammenfassend kann nun gesagt werden, dass die Panbewegung im Sinne des Panislamismus mittels der Beeinflussung auf die politischen Bewegungen des Salafismus (السلفية) und Wahhabitentums (وهَّابية) einen mittelbaren prägenderen Charakter für die Politik und Gesellschaft im Nahen Osten als die Panbewegung im Sinne des Panarabismus verwirklicht hat.

11. Neo-Panislamismus und Neo-Panarabismus im Nahen Osten?

Die Ausführungen der vorliegenden Ausarbeitung haben folgendes deutlich dargelegt; und zwar die staatsübergreifende Idee des Panislamismus und Panarabismus vom Ende des 19. Jahrhunderts und Beginn des 20. Jahrhunderts ist gesellschaftlich und insbesondere politisch größtenteils gescheitert. Es stellt sich jedoch die grundlegende Frage, ob nun die staatsübergreifende Idee des Panislamismus und Panarabismus - auch unter Beachtung der Gegenwart vom Panislamismus und Panarabismus - vor einem gesellschaftlichen und politischen Neubeginn in Form eines Neo-Panislamismus und Neo-Panarabismus im Nahen Osten steht.

11.1. Beginn von einem Neo-Panislamismus im Nahen Osten?

Die staatsübergreifende Idee des Panislamismus umfasst die Zielsetzung der Schaffung von einem Bundesstaat der islamischen Staaten im Nahen Osten im Sinne eines Kalifats. Dazu wird als politische und gesellschaftliche Basis vor allem die politische und gesellschaftliche Vereinigung aller Muslimen im Nahen Osten benötigt, denn ohne eine Vereinigung aller Muslimen entsteht auch keine kollektive politische Identität des islamischen Volkes als gesellschaftliche und politische Basis für die Schaffung von einem Bundesstaat der islamischen Staaten im Nahen Osten im Sinne eines Kalifats. Diese Einheit als Basis wird aufgrund des momentanen religiösen Konfliktes zwischen den Schiiten und den Sunniten im Nahen Osten nun auch in einer absehbaren Zeit nicht verwirklicht werden. Der Konflikt zwischen den Sunniten und den Schiiten ist auch zugleich die religiöse, gesellschaftliche und politische Spaltung zwischen den Sunniten und den Schiiten und des gesamten Islams; und beginnt mit dem Streitgespräch über die legitime Erbnachfolge des Propheten Mohammed. Die späteren Sunniten waren der religiösen Auffassung, dass der Propheten Mohammed keinen direkten Nachfolger benannt hat und daher sollte der Nachfolger des Propheten Mohammed aus dem Volk frei bestimmt werden. Die späteren Schiiten hingegen waren der religiösen Auffassung, dass der Nachfolger des Propheten Mohammed aus deren Familie stammen müsste und wollten daher seinen Vetter Ali als legitimer Nachfolger des Propheten Mohammed (Halm: Die Schiiten, S.11). Dieser religiöse Konflikt und zugleich auch Spaltung des Islams zementierten sich in den nächsten Jahrhunderten. Im Nahen Osten gehören momentan 85% aller Muslime zu den Sunniten und 15% zu den Schiiten (Kraitt: Sunniten gegen Schiiten - Zur Konstruktion eines Glaubenskrieges, S.117). Die schiitische Mehrheiten leben vor allem im Iran mit etwa 95% (Elbers / Kostiner: Die iranische Herausforderung: Konflikt und Kooperation in der Golfregion, S.214, in: Bröchler / Lauth: Politikwissenschaftliche Perspektiven). Nach der wissenschaftlichen Bewertung ist der gegenwärtige Konflikt zwischen den Sunniten und den Schiiten kein religiöser Konflikt, sondern vielmehr ein geopolitischer Konflikt. Der geopolitische Konflikt beginnt mit der Iranischen Revolution im Jahr 1979 und der grundlegenden Staatszielbestimmung und Strategie der Außenpolitik der Republik Iran mit dem proklamierten Revolutionsexport von Chomeini (1900/1902-1989) (Steinberg: Schiiten und Sunniten - ein politisch-religiöser Konflikt der Gegenwart, in: BpB (02.10.2020), S.2). Dieser proklamierte Revolutionsexport umfasst den gesellschaftlichen und insbesondere den politischen Auftrag der langfristigen und nachhaltigen Verbreitung und Zementierung des Islamischen Glaubens des Schiitentums in den Ländern des Nahen Osten (Kraitt: Sunniten gegen Schiiten - Zur Konstruktion eines Glaubenskrieges, S.122). Zur Unterstützung des proklamierten Revolutionsexportes suchte die iranische Regierung in der arabischen Welt nach zahlreichen Verbündeten und gründete daher schiitische Gruppierungen in den arabischen Staaten, z.B. der libanesische Hisbollah (Steinberg: Schiiten und Sunniten - ein politisch-religiöser Konflikt der Gegenwart, in: BpB (02.10.2020), S.2). Die arabische Staaten mit einer starken schiitische Minderheiten, wie z.B. Saudi-Arabien, betrachteten gerechtfertigt in dem proklamierten Revolutionsexport eine unmittelbare Bedrohung für Staat und Gesellschaft (Elbers / Kostiner: Die iranische Herausforderung: Konflikt und Kooperation in der Golfregion, S.215, in: Bröchler / Lauth: Politikwissenschaftliche Perspektiven). Die betreffenden Regierungen in den arabischen Staaten betrachteten die Gruppierungen der arabischen Schiiten nun öfter als eine potenzielle politische und religiöse Verlängerung der Islamischen Republik Iran. Der Konflikt zwischen den Sunniten und den Schiiten prägte vor allem die geopolitischen Beziehungen zwischen Saudi-Arabien und der Islamischen Republik von Iran. Die beiden Staaten streiten um die politische und religiöse Vorherrschaft im Nahen Osten, dabei dominieren vor allem die religiösen Gegensätze zwischen dem sunnitisch geprägten Wahhabismus vom saudi-arabischen Königreich und dem schiitischen Islam der Iranischen Republik von Iran als auch die Ölressourcen und die internationale politische Positionierungen in der Weltgemeinschaft samt der wirtschaftlichen und geopolitischen Positionierung zu den USA im Nahen Osten und der Golfregion (Amirpur: Der schiitische Islam, S.212). Die unmittelbaren Auswirkungen dieses Streites sind kleinere und auch größere Stellvertreterkonflikten plus auch gegenseitige Beschuldigungen der politischen, gesellschaftlichen und religiösen Einflussnahme auf die inneren Angelegenheiten des jeweiligen anderen Staat (Amirpur: Der schiitische Islam, S.213). Solange nun dieser gegenwärtige Konflikt zwischen den Sunniten und den Schiiten samt deren Spaltung des gesamten Islams nicht zufriedenstellend und nachhaltig gelöst wird, wird auch keine Vereinigung aller Muslimen entstehen und somit auch keine kollektive politische Identität des islamischen Volkes als gesellschaftliche und politische Basis für die Schaffung von einem Bundesstaat der islamischen Staaten im Nahen Osten im Sinne eines Kalifats nach dem gesellschaftlichen, politischen und religiösen Vorbild der staatsübergreifenden Idee des Panislamismus.

11.2. Beginn von einem Neo-Panarabismus im Nahen Osten?

Die beschreibenden und analysierenden Ausführungen zur Phase der Nationalstaaten im Nahen Osten haben deutlich gezeigt, dass die staatsübergreifende Idee vom Panarabismus aufgrund der nationalen Interessen von einzelnen arabischen Staaten im Nahen Osten und deren staatlichen Unterdrückung der kollektiven nationalen Identität im Sinne des arabischen Nationalismus mehrheitlich von den arabischen Staaten im Nahen Osten momentan abgelehnt und sogar verhindert wird.

Eine zeitnahe grundlegende Veränderung dieser Politik von Seiten der bestehenden politischen Herrschaftsgewalt in den betreffenden arabischen Staaten ist momentan nicht erkennbar, so dass eben momentan auch eine Umsetzung der staatsübergreifenden Idee vom Neo-Panarabismus von Seiten der bestehenden politischen Herrschaftsgewalt in den betreffenden arabischen Staaten ziemlich unwahrscheinlich erscheint. Trotzdem kann der Beginn vom Neo-Panarabismus nicht vollkommen ausgeschlossen werden, und zwar aber nicht von der Seite der bestehenden politischen Herrschaftsgewalt in den betreffenden arabischen Staaten, sondern vielmehr von Seiten des arabischen Volkes in den betreffenden Staaten.

Der Arabische Frühling im Jahr 2011 hat sehr eindrucksvoll dargelegt, dass die staatsübergreifende Idee des Panarabismus bei der
arabischen Bevölkerung immer noch vorhanden ist. Der Arabische
Frühling (الربيع العربي) war eine umfassende gesellschaftliche Pro-
testbewegung mit Demonstrationen und Aufständen in den arabischen
Staaten gegen die gesellschaftliche und politische Unterdrückung
durch die autoritär herrschenden Regime in den betreffenden Staaten
und den daraus resultierenden wirtschaftlichen und gesellschaftlichen
Krisen (Jelloun: Arabischer Frühling - Vom Wiedererlangen der
arabischen Würde, S.32). Die Demonstranten des Arabischen Frühlings hatte als gesellschaftliches Kollektiv die grundlegende Forderung
nach dem Sturz dieser autoritären Regime in ihren Staaten, die
Schaffung einer Demokratie samt der Achtung von Freiheits-/Bürger-
und Menschenrechte sowie die Schaffung einer politischen und gesellschaftlichen Freiheit und Gerechtigkeit (Rosiny: Identität, Partizipation, Vision - unerfüllte Erwartungen an moderate Islamisten,
in: GIGA Focus Nahost 2016, S.2). Die Ursachen für die Proteste
und Demonstrationen während des Arabischen Frühlings und die
entstandenen grundlegenden Forderungen der arabischen Gesellschaft waren vor allem die gegenwärtige Unmöglichkeit der demokratischen Partizipation an gesellschaftspolitischen Entscheidungen,
die Identitätskrise der arabischen Gesellschaft samt Suche nach einer
kollektiven Identität und die schwerwiegenden ökonomischen Krisen
(Brownlee / Masoud / Reynolds: The Arab Spring, in: Oxford University Press 2013, S.23). Die Staaten im Nahen Osten - mit Ausnahme von Israel - ermöglicht(e) ihrem Staatsvolk keine demokra-
tische Partizipation an gesellschaftspolitischen Entscheidungen,
vielmehr haben diese Scheindemokratien mit Hilfe von Wahlfälschungen,
Parteienverboten, Repressionen und Menschenrechtsverletzungen

immer wieder die politische Freiheit ihres Staatsvolkes stark eingeschränkt oder sogar vollkommen verhindert (Rosiny: Identität, Partizipation, Vision - unerfüllte Erwartungen an moderate Islamisten, in: GIGA Focus Nahost 2016, S.3; Roberts / Willis / McCarthy / Garton Ash: Civil Resistance in the Arab Spring - Triumphs and Disasters, in: Oxford University Press 2016, S.11). Diese Scheindemokratien plus die Bestechungen, die Vetternwirtschaften, die Klientelwirtschaften sowie der grundlegende neoliberale Rückzug des Staates haben zahlreiche schwerwiegende Wirtschaftskrisen plus einer wirtschaftlichen Umverteilung innerhalb der Gesellschaft samt dem unmittelbarem Ergebnis einer mehrheitlich verarmten Gesellschaft verwirklicht (Jelloun: Arabischer Frühling - Vom Wiedererlangen der arabischen Würde, S.32; Roberts / Willis / McCarthy / Garton Ash: Civil Resistance in the Arab Spring - Triumphs and Disasters, in: Oxford University Press 2016, S.11). Weiterhin erlebten die Menschen als Gesellschaft in den meisten Staaten vom Nahen Osten eine tiefgreifende Identitätskrise samt Suche nach einer kollektiven Identität der gesellschaftlichen Verbundenheit im Kontext der Forderungen des Arabischen Frühlings (Rosiny: Identität, Partizipation, Vision - unerfüllte Erwartungen an moderate Islamisten, in: GIGA Focus Nahost, 2016, S.2). Die autoritären Regime in den arabischen Staaten legitimierten ihre politische Herrschaft mit Hilfe des Antiimperialismus im Kontext der postkolonialen Phase und den daraus entstandenen arabischen und einzelstaatlichen Nationalismus auf der kulturellen Grundlage der islamischen Glaubenslehren (Brownlee / Masoud / Reynolds: The Arab Spring, in: Oxford University Press 2013, S.22). Die angeordnete kollektive Identität lehnte nun mehrheitlich die arabische Gesellschaft während des Arabischen Frühlings ab, denn diese angeordnete kollektive

Identität bedeutete mehrheitlich für die arabische Gesellschaft vor allem Unfreiheit und Armut (Rosiny: Identität, Partizipation, Vision - unerfüllte Erwartungen an moderate Islamisten, in: GIGA Focus Nahost, 2016, S.2; Adam / Willis / McCarthy / Ash: Civil Resistance in the Arab Spring, in: Oxford University Press 2016, S.154). Die Demonstranten - insbesondere viele junge Menschen - wollten eine kollektive arabische Identität mit der Prägung von Demokratie und Freiheit ohne Dominanz von einer politischen Autokratie und islamischen Bevormundung (Jelloun: Arabischer Frühling - Vom Wiedererlangen der arabischen Würde, S.44). Insgesamt verwirklichte der Arabische Frühling unterschiedliche politische und gesellschaftliche Ergebnisse; so konnten die autoritären Regime von Tunesien, Libyen, Ägypten und Jemen gestürzt werden. Die Monarchen von Jordanien, Marokko, Kuweit und Oman konnten die Proteste und Demonstrationen mit gesellschaftlichen und politischen Reformen beenden. In Bahrein und Saudi-Arabien wurden die Demonstrationen und Proteste gewaltsam beendet. In Jemen, Syrien, Libyen und Irak entstanden aufgrund der Demonstrationen und Proteste und den staatlichen Repression zahlreiche bewaffnete Aufstände und Bürgerkriege. Nur in den Vereinigten Arabischen Emiraten und Katar entstanden kaum Proteste und Demonstrationen im Kontext des Arabischen Frühlings (Rosiny: Identität, Partizipation, Vision - unerfüllte Erwartungen an moderate Islamisten, in: GIGA Focus Nahost 2016, S.2; Brownlee / Masoud / Reynolds: The Arab Spring, in: Oxford University Press 2013, S.22).

Viele von den Forderungen im Kontext des Arabischen Frühlings - insbesondere bezüglich der Forderung zur kollektiven Identität - haben bewusst oder auch unbewusst eine inhaltliche Kontextualisierung zur staatsübergreifenden Idee des Panarabismus, daher kann nun auch die Möglichkeit von einem gesellschaftlichen und auch politischen Beginn im Sinne des Neo-Panarabismus von Seiten des arabischen Staatsvolkes als Kollektiv in den Staaten des Nahen Osten nicht ausnahmslos ausgeschlossen werden.

12. Schlussbetrachtung

Die Schlussbetrachtung umfasst die Darlegung der Antworten auf die gestellten Forschungsfragen, die Bestätigung oder die Ablehnung der aufgestellten Thesen sowie einen kurzen inhaltlichen Erkenntnisstand der Ausarbeitung.

12.1. Antworten auf die gestellten Forschungsfragen

Forschungsfrage 1:

Was sind die politischen und islamischen theoretischen Grundaussagen der staatsübergreifenden Idee des Panislamismus und Panarabismus am Ende des 19.Jahrhunderts und Beginn des 20.Jahrhunderts?

Panislamismus	Panarabismus
Kampf gegen den europäischen Imperialismus im Nahen Osten	Kampf gegen den europäischen Imperialismus im Nahen Osten
Änderung der gesellschaftlichen und politischen Bedeutung der islamischen Religion	Änderung der gesellschaftlichen und politischen Bedeutung der islamischen Religion
Re-Islamisierung und deren Modernisierung für Gesellschaft und Staat	Schaffung eines Zeitalters der Aufklärung in der arabischen Welt
Schaffung eines Kollektivs von Menschen mit islamischen Glaubensgrundsätzen durch die allgemeine kulturelle Identität und später zielgerichtete Reduktion der kulturellen Identität auf den Islam als der dominierende Inhalt der kulturellen Identität	Schaffung eines Kollektivs vom arabischen Volk durch die kulturelle Identität

Einheit des arabischen und schlussendlich zielgerichteten islamischen Volkes	Einheit des arabischen Volkes
Schaffung und Zementierung einer arabischen und schlussendlich zielgerichteten islamischen kollektiven Identität	Schaffung und Zementierung einer arabischen kollektiven Identität
Schaffung und Zementierung eines arabischen und schlussendlich zielgerichteten islamischen Nationalismus	Schaffung und Zementierung eines arabischen Nationalismus
Schaffung von arabischen und schlussendlich zielgerichteten islamischen Staaten im Nahen Osten in Abhängigkeit der kulturellen und schlussendlich zielgerichteten islamischen Identität	Schaffung von arabischen Staaten im Nahen Osten in Abhängigkeit ihrer kulturellen Identität
Umma als Staatsmodell für die Staaten im Nahen Osten	Übernahme des französischen Staatsmodells als Staatsmodell für die arabischen Staaten im Nahen Osten
Staatsgebiet / Staatsvolk / Staatsgewalt / Religion	Staatsgebiet / Staatsvolk / Staatsgewalt
Konzentration auf die Geografie der islamischen Staaten im Nahen Osten	Konzentration auf die Geografie der arabischen Staaten im Nahen Osten
Volk als Religionsgemeinschaft	Volk als Kulturnation
Re-Islamisierung samt Modernisierung	Laizismus

Theokratie	Republik
Primat des Islams	Primat der Politik
Einheitsprinzip	Trennungsprinzip
Theokratie	Demokratie
Verfassung	Verfassung
Volkssouveränität unter Einschränkung von islamischen Grundsätzen	Volkssouveränität
Widerstandrecht der Gesellschaft	Wahlen ausschließlich unter der demokratischen Bezugnahme der Gesellschaft
Kalif und Ministerrat	Parlament → Regierung (Minister / Präsident)
Entscheidungsfindung durch Auslegung von islamischen Grundsätzen und der gesellschaftlichen Mehrheit	Entscheidungsfindung durch gesellschaftliche Mehrheit
Einschränkung der Gewaltenteilung	Gewaltenteilung
Rechtsstaatsprinzip	Rechtsstaatsprinzip
Menschen-/Bürger-/Freiheits-/Gleichheitsrechte im Sinne des reformierten Islams	Menschen-/Bürger-/Freiheits-/Gleichheitsrechte
Monokulturalismus der Gesellschaft	Pluralismus der Gesellschaft
Re-Islamisierung samt Modernisierung und Frieden zwischen den islamischen Staaten im Nahen Osten	Demokratisierung und Frieden zwischen den arabischen Staaten im Nahen Osten
Frieden und Koexistenz mit anderen Ländern	Frieden und Koexistenz mit anderen Ländern

Staat als politische Basis für politische und gesellschaftliche Vertiefungen innerhalb der islamischen Staaten als islamische Gemeinschaft im Nahen Osten	Staat als politische Basis für politische und gesellschaftliche Vertiefungen innerhalb der arabischen Staaten als politische und kulturelle Gemeinschaft im Nahen Osten
Bundesstaat der islamischen Staaten im Nahen Osten im Sinne eines Kalifats	Staatenverbund der arabischen Staaten im Nahen Osten

Forschungsfrage 2:

Was sind die Gemeinsamkeiten und die Unterschiede der politischen und islamischen theoretischen Grundaussagen der staatsübergreifenden Idee des Panislamismus und Panarabismus am Ende des 19.Jahrhunderts und Beginn des 20.Jahrhunderts?

■ Gemeinsamkeiten ■ Unterschiede ■ teilweise Übereinstimmung

Panislamismus	**Panarabismus**
Kampf gegen den europäischen Imperialismus im Nahen Osten	Kampf gegen den europäischen Imperialismus im Nahen Osten
Änderung der gesellschaftlichen und politischen Bedeutung der islamischen Religion	Änderung der gesellschaftlichen und politischen Bedeutung der islamischen Religion
Re-Islamisierung und deren Modernisierung für Gesellschaft und Staat	Schaffung eines Zeitalters der Aufklärung in der arabischen Welt

Schaffung eines Kollektivs von Menschen mit islamischen Glaubensgrundsätzen durch die allgemeine kulturelle Identität und später zielgerichtete Reduktion der kulturellen Identität auf den Islam als der dominierende Inhalt der kulturellen Identität	Schaffung eines Kollektivs des arabischen Volkes durch die kulturelle Identität
Einheit des arabischen und schlussendlich zielgerichteten islamischen Volkes	Einheit des arabischen Volkes
Schaffung und Zementierung einer arabischen und schlussendlich zielgerichteten islamischen kollektiven Identität	Schaffung und Zementierung einer arabischen kollektiven Identität
Schaffung und Zementierung eines arabischen und schlussend- lich zielgerichteten islamischen Nationalismus	Schaffung und Zementierung eines arabischen Nationalismus
Schaffung von arabischen und schlussendlich zielgerichteten islamischen Staaten im Nahen Osten in Abhängigkeit der kulturellen und schlussend- lich zielgerichteten islamischen Identität	Schaffung von arabischen Staaten im Nahen Osten in Abhängigkeit ihrer kulturellen Identität
Umma als Staatsmodell für die Staaten im Nahen Osten	Übernahme des französischen Staatsmodells als Staatsmodell für die arabischen Staaten im Nahen Osten

Staatsgebiet / Staatsvolk / Staatsgewalt / Religion	Staatsgebiet / Staatsvolk / Staatsgewalt
Konzentration auf die Geografie der islamischen Staaten im Nahen Osten	Konzentration auf die Geografie der arabischen Staaten im Nahen Osten
Volk als Religionsgemeinschaft	Volk als Kulturnation
Re-Islamisierung samt Modernisierung	Laizismus
Theokratie	Republik
Primat des Islams	Primat der Politik
Einheitsprinzip	Trennungsprinzip
Theokratie	Demokratie
Verfassung	Verfassung
Volkssouveränität unter Einschränkung von islamischen Grundsätzen	Volkssouveränität
Widerstandrecht der Gesellschaft	Wahlen ausschließlich unter der demokratischen Bezugnahme der Gesellschaft
Kalif und Ministerrat	Parlament → Regierung (Minister / Präsident)
Entscheidungsfindung durch Auslegung von islamischen Grundsätzen und der gesellschaftlichen Mehrheit	Entscheidungsfindung durch gesellschaftliche Mehrheit
Einschränkung der Gewaltenteilung	Gewaltenteilung
Rechtsstaatsprinzip	Rechtsstaatsprinzip

Menschen-/Bürger-/ Freiheits-/Gleichheitsrechte im Sinne des reformierten Islams	Menschen-/Bürger-/ Freiheits-/Gleichheitsrechte
Monokulturalismus der Gesellschaft	Pluralismus der Gesellschaft
Re-Islamisierung samt Modernisierung und Frieden zwischen den islamischen Staaten im Nahen Osten	Demokratisierung und Frieden zwischen den arabischen Staaten im Nahen Osten
Frieden und Koexistenz mit anderen Ländern	Frieden und Koexistenz mit anderen Ländern
Staat als politische Basis für politische und gesellschaftliche Vertiefungen innerhalb der islamischen Staaten als islamische Gemeinschaft im Nahen Osten	Staat als politische Basis für politische und gesellschaftliche Vertiefungen innerhalb der arabischen Staaten als politische und kulturelle Gemeinschaft im Nahen Osten
Bundesstaat der islamischen Staaten im Nahen Osten im Sinne eines Kalifats	Staatenverbund der arabischen Staaten im Nahen Osten

Forschungsfrage 3:

Welche politischen Bewegungen wurden beeinflusst von den politischen und islamischen theoretischen Grundaussagen der staatsübergreifenden Idee des Panislamismus und Panarabismus am Ende des 19.Jahrhunderts und Beginn des 20.Jahrhunderts?

Die politischen und islamischen theoretischen Grundaussagen der staatsübergreifenden Idee des Panarabismus am Ende des

19.Jahrhunderts und Beginn des 20.Jahrhunderts beeinflussten entscheidend die politische Bewegung der Nahda (نهضة) mit der grundlegenden politischen Tendenz der Trennung von Staat und Religion. Die politischen und islamischen theoretischen Grundaussagen der staatsübergreifenden Idee des Panislamismus am Ende des 19.Jahrhunderts und Beginn des 20.Jahrhunderts beeinflussten wiederum entscheidend die politische Bewegung des Salafismus (السلفية) und Wahhabitentums (وهَابية) mit der grundlegenden islamischen Tendenz der Einheit von Staat und Religion.

Forschungsfrage 4:
> Was ist der arabische Nationalismus?

Der arabische Nationalismus als kollektive nationale Identität ist die Zusammenführen der Summe von gemeinsamen kulturellen Identitäten im Sinne von Watan zu einem politischen Kollektiv mit bestimmten politischen Werten und Normen als Staatsvolk auf einem Staatsgebiet unter einer Staatsgewalt.

Forschungsfrage 5:
> Was ist die Nationsbildung der Staaten im Nahen Osten
> während der europäischen Dekolonisierung?

Die Nationsbildung der Staaten im Nahen Osten im Kontext der europäischen Dekolonisierung umfasst die völkerrechtliche Entstehung der arabischen Staaten mit einer unabhängigen Staatsgewalt, Staatsvolk und Staatsgebiet im Nahen Osten auf der gesellschaftlichen und politischen Grundlage einer kollektiven nationalen Identität im Sinne eines arabischen Nationalismus.

Forschungsfrage 6:

Welche politische und gesellschaftliche Abhängigkeit besteht zwischen dem arabischen Nationalismus und dem Prozesses der Nationsbildung der Staaten im Nahen Osten während der europäischen Dekolonisierung?

Die Entstehung und Zementierung des arabischen Nationalismus erforderten als politische und gesellschaftliche Grundvoraussetzung immer einen unabhängigen Staat samt Staatsgewalt, Staatsvolk und Staatsgebiet im Nahen Osten.

Forschungsfrage 7:

Welche politische und gesellschaftliche Abhängigkeit besteht zwischen Panislamismus und Panarabismus als staatsübergreifenden Idee einer Staatsform im Nahen Osten und dem arabischen Nationalismus im Prozesses der Nationsbildung der Staaten im Nahen Osten während der europäischen Dekolonisierung?

Die Entstehung und Zementierung einer staatsübergreifenden Idee einer Staatsform im Sinne des Panislamismus und Panarabismus erfordert als politische und gesellschaftliche Grundvoraussetzung immer den unabhängigen Staat im Sinne von Staatsgewalt, Staatsvolk und Staatsgebiet im Nahen Osten und den arabischen Nationalismus.

Forschungsfrage 8:

Was sind die wesentlichen Gründe für das Scheitern der staatsübergreifenden Idee des Panislamismus und Panarabismus samt deren staatspolitischen Umsetzung?

Die wesentlichen Gründe für Scheitern der staatsübergreifenden Idee des Panislamismus und Panarabismus samt deren staatspolitischen Umsetzung umfassen zum einem die fehlenden arabischen Staatsnationen samt deren Souveränität und zusammenhängenden dadurch auch die fehlende kollektive nationale Identität im Sinne des arabischen Nationalismus aufgrund der Besetzung des Nahen Osten durch die europäischen Kolonialstaaten im langen 19.Jahrundert und zum anderen die politische, wirtschaftliche und religiöse Dominanz von einzelstaatlichen Interessen der arabischen Staatsnationen im Nahen Osten und deren staatlichen autoritären Unterdruck einer kollektiven pannationalen Identität im Sinne des arabischen Nationalismus nach der Dekolonisierung von den europäischen Staaten.

Forschungsfrage 9:

Welche politischen und islamischen Panbewegungen
in Form des Panislamismus und Panarabismus
existieren im Kontext des Wettstreites zwischen
einer laizistischen und islamischen staatsübergreifenden Staatsform
gegenwärtig im Nahen Osten?

Die Panbewegung im Sinne vom Panislamismus und Panarabismus kann gegenwärtig in vier grundlegende Panbewegung im Nahen Osten eingeteilt werden; und zwar der Panarabismus der Arabischen Liga, der Panislamismus vom Golf-Kooperationsrat und der Panislamismus von der Islamischen Republik Iran und den islamischen Terrorgruppen.

Forschungsfrage 10:

Welche politische, islamische und gesellschaftliche Zukunft
hat der Neo-Panislamismus und Neo-Panarabismus
und deren staatsübergreifende Idee im Nahen Osten?

Die vorliegenden Ausführungen haben gezeigt, dass diese betreffende Forschungsfrage nicht pauschal beantwortet werden
kann. Allerdings kann auch gesagt werden, dass der wesentliche
politische und gesellschaftliche Einfluss der Panbewegung im
Sinne des Panislamismus und Panarabismus in der Gegenwart
und wahrscheinlich in der absehbaren Zukunft im Nahen Osten
keine politische und gesellschaftliche Renaissance im Sinne des
Neo-Panislamismus und Neo-Panarabismus hat. Der Panislamismus hat keine politische, islamische und gesellschaftliche Zukunft
im Nahen Osten aufgrund der momentan unvereinbaren religiösen
Konflikten zwischen der islamischen Glaubensgruppierung der
Sunniten und den Schiiten, die durch die Islamische Republik Iran
und Saudi Arabien immer wieder erneut entfacht und dadurch
auch politisch und gesellschaftlich zementiert werden. Auch der
politische Panarabismus mit der staatsübergreifenden Idee der
Schaffung von einem demokratischen und laizistischen Staatenverbund hat einerseits aufgrund der wirtschaftlichen und politischen
Einzelinteressen der einzelnen arabischen Staaten und andererseits
der übergreifenden politischen und gesellschaftlichen Dominanz
des Islams in den arabischen Staaten keine absehbare politische Zukunft. Der Arabische Frühling im Jahr 2011 hat jedoch deutlich gezeigt, dass die Gedanken der Schaffung eines demokratischen und
laizistischen Staatenverbund im Sinne des Panarabismus in der
breiten arabischen Gesellschaft immer noch gegenwärtig sind.

12.2. Bestätigung der aufgestellten Hypothesen

These 1:

Die staatspolitische Umsetzung der staatsübergreifenden Idee einer Staatsform im Nahen Osten im Sinne vom Panislamismus und Panarabismus in der Phase der politischen und gesellschaftlichen Befreiung scheiterte an den fehlenden arabischen Staatsnationen samt deren innen und äußeren Souveränität und zusammenhängenden damit an der fehlenden kollektiven nationalen Identität im Sinne des arabischen Nationalismus aufgrund der Besetzungspolitik der europäischen Kolonialstaaten im Nahen Osten.

These 2:

In der Phase der Unabhängigkeit und Nationenbildung entstand eine kollektive nationale Identität im Sinne des arabischen Nationalismus während der Nationsbildung im Nahen Osten als gesellschaftliche und politische Grundbedingung für die Möglichkeit der staatspolitischen Umsetzung der staatsübergreifenden Idee einer Staatsform im Nahen Osten im Sinne vom Panislamismus und Panarabismus

These 3:

Die staatspolitische Umsetzung der staatsübergreifenden Idee einer Staatsform im Nahen Osten im Sinne vom Panislamismus und Panarabismus in der Phase der Nationalstaaten scheiterte an der politischen, wirtschaftlichen und religiösen Dominanz von einzelstaatlichen Interessen der arabischen Staatsnationen im Nahen Osten und deren staatlichen autoritären Unterdruck einer kollektiven pannationalen Identität im Sinne des arabischen Nationalismus

✓

12.3. Erkenntnisstand

Das grundlegende Ziel dieser Ausarbeitung ist die beschreibende und analytische Darstellung des Panislamismus und Panarabismus als staatsübergreifende Idee einer Staatsform im Nahen Osten und deren politischen und gesellschaftlichen Abhängigkeit vom arabischen Nationalismus im Prozess der Nationsbildung der Staaten im Nahen Osten. In diesem Kontext wird dargelegt, dass die Schaffung von einem pannationalem Staatengebilde im Sinne einer staatsübergreifenden Staatsform stets erfordert den politischen und gesellschaftlichen unabhängigen Staat auf der Basis einer kollektiven nationalen Identität im Sinne des Nationalismus als Ergebnis der Zusammenführen der Summe von gemeinsamen kulturellen Identitäten zu einem politischen Kollektiv mit bestimmten politischen Werten und Normen als Ordnungsrahmen. Daraus resultiert auch die wissenschaftliche Erkenntnis dieser Ausarbeitung, dass das Scheitern der staatspolitischen Umsetzung der staatsübergreifenden Idee von einer Staatsform im Nahen Osten im Sinne vom Panislamismus und Panarabismus bedingt gewesen ist, und zwar zum einen an den fehlenden arabischen Staatsnationen samt deren Souveränität und zusammenhängenden dadurch an der fehlenden kollektiven nationalen Identität im Sinne des arabischen Nationalismus aufgrund der Besetzung des Nahen Osten durch die europäischen Kolonialstaaten im langen 19.Jahrundert und zum anderen an der politischen, wirtschaftlichen und religiösen Dominanz von einzelstaatlichen Interessen der arabischen Staatsnationen im Nahen Osten und deren staatlichen autoritären Unterdruck einer kollektiven pannationalen Identität im Sinne des arabischen Nationalismus nach der Dekolonisierung von den europäischen Staaten.

Ergebnisdarstellung in englischer und arabischer Sprache

problem definition / questions / theses / state of research

The paper, with the working title "*Pan-Islamism and Pan-Arabism - Confronting the cross-state ideas of Arab nationalism as a form of state in the Middle East - Competition between a secular and an Islamic cross-state form of government*", comprises the following problem definition:

Pan-Islamism and pan-Arabism as a transnational idea of a form of government in the Middle East and its political and social dependence on Arab nationalism in the process of nation-building in the Middle East

In the context of this general problem statement, ten subordinate, related research questions are posed to clarify and analyse this problem statement in greater depth. This research problem statement leads to the following research questions:

Research question 1:

What are the basic political and Islamic theoretical statements of the transnational idea of pan-Islamism and pan-Arabism at the end of the 19th century and the beginning of the 20th century?

Research question 2:

What are the similarities and differences between the basic political and Islamic theoretical statements of the transnational idea of pan-Islamism and pan-Arabism at the end of the 19th century and the beginning of the 20th century?

Research question 3:

Which political movements were influenced by the political and Islamic theoretical basic statements of the transnational idea of pan-Islamism and pan-Arabism at the end of the 19th century and the beginning of the 20th century?

Research question 4:

What is Arab nationalism?

Research question 5:

What is the nation-building of states in the Middle East during European decolonization?

Research question 6:

What political and social dependence exists between Arab nationalism and the nation-building process in the Middle East?

Research question 7:

What political and social dependency exists between pan-Islamism and pan-Arabism as a transnational idea of a form of government in the Middle East and Arab nationalism in the process of nation-building in the Middle East?

Research question 8:

What are the main reasons for the failure of the transnational idea of pan-Islamism and pan-Arabism, including their political implementation?

Research question 9:

Which political and Islamic pan-movements in the form of pan-Islamism and pan-Arabism exist in the context of the competition between a secular and Islamic trans-state form of government currently in the Middle East?

Research question 10:

What political, Islamic and social future do Neo-Pan-Islamism and Neo-Pan-Arabism and their cross-state idea have in the Middle East?

According to my scientific knowledge based on my studies of history, the creation of a pan-national state structure in the sense of a transnational form of government first requires a politically and socially independent state on the basis of a collective national identity as a result of the merging of the sum of common cultural identities into a political collective with certain political values and norms. Consequently, the creation of a transnational form of government is always dependent on political and socially independent states, which ultimately unite intentionally or unintentionally to form the relevant pan-national state entity in the form of a federal state, confederation of states or association of states and whose collective national identity in the sense of nationalism is a necessity as a political and social prerequisite for the formation and cementation of a collective national identity in the sense of pan-national nationalism.

Furthermore, I would categories pan-Islamism and pan-Arabism as an overarching idea of a form of state in the Middle East and its political and social dependence on Arab nationalism in the process of nation-building of the states in the Middle East into a total of three historical phases, namely:

- Phase of political and social liberation

  The phase of political and social liberation covers roughly the period of the long 19th century and is characterized above all socially and politically by the occupation of the Middle East by the European colonial states and the resulting social and political realization of the Arab world with regard to its own backwardness and subordinate position vis-à-vis the Christian-oriented colonial states, as well as by the emerging pan-movement in the sense of pan-Islamism and pan-Arabism.

- Independence and nation-building phase

  The phase of independence and nation-building covers an approximate period from the beginning of the First World War to the end of the Second World War; and is primarily characterized socially and politically by the development of the collective identity of Arab nationalism due to the historical events of the Sykes-Picot Agreement and Balfour Declaration, taking into account the correspondence between McMahon and Sherif Hussein of Mecca.

- Phase of nation states

  The phase of nation states covers an approximate period from the end of the Second World War to the present day; and is characterized above all socially and politically by the independence of the Arab states, including the formation of Arab nationalism and the social and especially political failure of transnational projects in the sense of pan-Islamism and pan-Arabism.

<u>Thesis 1:</u>

The political realization of the transnational idea of a form of state in the Middle East in the sense of pan-Islamism and pan-Arabism in the phase of political and social liberation failed due to the lack of Arab state nations, including their internal and external sovereignty and, in connection with this, the lack of collective national identity in the sense of Arab nationalism due to the occupation policy of the European colonial states in the Middle East.

<u>Thesis 2:</u>

In the phase of independence and nation-building, a collective national identity emerged in the sense of Arab nationalism during nation-building in the Middle East as a basic social and political condition for the possibility of implementing the transnational idea in state policy of a form of government in the Middle East in the sense of pan-Islamism and pan-Arabism.

<u>Thesis 3:</u>

The political realization of the transnational idea of a state form in the Middle East in the sense of pan-Islamism and pan-Arabism in the phase of nation states failed due to the political, economic and religious dominance of national interests of the Arab state nations in the Middle East and their state authoritarian suppression of a collective pan-national identity in the sense of Arab nationalism.

Answers to the research questions

Research question 1:

What are the basic political and Islamic theoretical statements of the transnational idea of pan-Islamism and pan-Arabism at the end of the 19th century and the beginning of the 20th century?

Pan-Islamism	Pan-Arabism
Fight against the European Imperialism in the Middle East	Fight against the European Imperialism in the Middle East
Change in social and political significance of the Islamic religion	Change in social behaviour and political significance of the Islamic religion
Re-Islamisation and its Modernisation for society and the state	Creation of an age of the Enlightenment in the Arab world
Creation of a collective of people with Islamic beliefs through the general cultural identity and later purposeful reduction of cultural identity to Islam as the dominant content of cultural identity	Creation of a collective from the Arabic people through cultural identity
Unity of the Arabic and finally purposeful Islamic people	Unity of the Arab people
Creation and cementation of an Arabic and finally purposeful Islamic collective identity	Creation and cementation of an Arab collective identity

Pan-Islamism	Pan-Arabism
Creation and cementation of an Arab and ultimately targeted Islamic nationalism	Creating and cementing Arab nationalism
Creation of Arab and ultimately purposeful Islamic states in the Middle East depending on the cultural and ultimately targeted Islamic identity	Creation of Arab states in the Middle East depending on their cultural identity
Umma as a state model for the states in the Middle East	Adoption of the French state model as a state model for the Arab states in the Middle East
National territory / national people / State power / Religion	State territory / State people / State authority
Focus on the geography of the Islamic states in the Middle East	Focus on the geography of the Arab states in the Middle East
People as a religious community	People as a cultural nation
Re-Islamisation together with Modernisation	Secularism
Theocracy	Republic
Primacy of Islam	Primacy of politics
Unity principle	Separation principle
Theocracy	Democracy
Constitution	Constitution
Popular sovereignty with restrictions under Islamic principles	Sovereignty of the people

Pan-Islamism	Pan-Arabism
Right of resistance of the company	Elections exclusively under the democratic reference of society
Caliph and Council of Ministers	Parliament → Government (Minister / President)
Decision-making through interpretation of Islamic principles and the social majority	Decision-making through social majority
Restriction of the separation of powers	Separation of powers
Rule of law	Rule of law
Human/civil/freedom/equality rights in the sense of reformed Islam	Human/civil/freedom/equality rights
Monoculturalism of society	Pluralism of society
Re-Islamisation including modernisation and peace between the Islamic states in the Middle East	Democratisation and peace between the Arab states in the Middle East
Peace and coexistence with other countries	Peace and coexistence with other countries
State as a political basis for political and social deepening within the Islamic states as an Islamic community in the Middle East	State as a political basis for political and social deepening within the Arab states as a political and cultural community in the Middle East
Federal state of the Islamic states in the Middle East in the sense of a caliphate	Association of Arab states in the Middle East

Research question 2:

What are the similarities and differences between the basic political and Islamic theoretical statements of the transnational idea of pan-Islamism and pan-Arabism at the end of the 19th century and the beginning of the 20th century?

Similarities

Pan-Islamism	Pan-Arabism
Fight against the European Imperialism in the Middle East	Fight against the European Imperialism in the Middle East
Change in social and political significance of the Islamic religion	Change in social behaviour and political significance of the Islamic religion
Constitution	Constitution
Rule of law	Rule of law
Peace and coexistence with other countries	Peace and coexistence with other countries

Differences

Pan-Islamism	Pan-Arabism
Re-Islamisation and its Modernisation for society and the state	Creation of an age of the Enlightenment in the Arab world
Umma as a state model for the states in the Middle East	Adoption of the French state model as a state model for the Arab states in the Middle East

Pan-Islamism	Pan-Arabism
National territory / national people / State power / Religion	State territory / State people / State authority
Focus on the geography of the Islamic states in the Middle East	Focus on the geography of the Arab states in the Middle East
People as a religious community	People as a cultural nation
Re-Islamisation together with Modernisation	Secularism
Theocracy	Republic
Primacy of Islam	Primacy of politics
Unity principle	Separation principle
Theocracy	Democracy
Popular sovereignty with restrictions under Islamic principles	Sovereignty of the people
Right of resistance of the company	Elections exclusively under the democratic reference of society
Caliph and Council of Ministers	Parliament → Government (Minister / President)
Decision-making through interpretation of Islamic principles and the social majority	Decision-making through social majority
Restriction of the separation of powers	Separation of powers
Human/civil/freedom/ equality rights in the sense of reformed Islam	Human/civil/freedom/ equality rights

Pan-Islamism	Pan-Arabism
Monoculturalism of society	Pluralism of society
Re-Islamisation including modernisation and peace between the Islamic states in the Middle East	Democratization and peace between the Arab states in the Middle East
State as a political basis for political and social deepening within the Islamic states as an Islamic community in the Middle East	State as a political basis for political and social deepening within the Arab states as a political and cultural community in the Middle East
Federal state of the Islamic states in the Middle East in the sense of a caliphate	Association of Arab states in the Middle East

Partial agreement

Pan-Islamism	Pan-Arabism
Creation of a collective of people with Islamic beliefs through the general cultural identity and later purposeful reduction of cultural identity to Islam as the dominant content of cultural identity	Creation of a collective from the Arabic people through cultural identity
Unity of the Arabic and finally purposeful Islamic people	Unity of the Arab people

Pan-Islamism	Pan-Arabism
Creation and cementation of an Arabic and finally purposeful Islamic collective identity	Creation and cementation of an Arab collective identity
Creation and cementation of an Arab and ultimately targeted Islamic nationalism	Creating and cementing Arab nationalism
Creation of Arab and ultimately purposeful Islamic states in the Middle East depending on the cultural and ultimately targeted Islamic identity	Creation of Arab states in the Middle East depending on their cultural identity

Research question 3:

Which political movements were influenced by the political and Islamic theoretical principles of the transnational idea of pan-Islamism and pan-Arabism at the end of the 19th century and the beginning of the 20th century?

The basic political and Islamic theoretical statements of the trans-state idea of pan-Arabism at the end of the 19th century and the beginning of the 20th century had a decisive influence on the political movement of Nahda (نهضة) with its fundamental political tendency of separating state and religion. The basic political and Islamic theoretical statements of the trans-state idea of pan-Islamism at the end of the 19th century and the beginning of the 20th century in turn had a decisive influence on the political movement of Salafism (السلفية) and

Wahhabism (وهَابية) with the fundamental Islamic tendency of the unity of state and religion.

Research question 4:

What is Arab nationalism?

Arab nationalism as a collective national identity is the merging of the sum of common cultural identities in the sense of Watan into a political collective with certain political values and norms as a state people on a state territory under a state authority.

Research question 5:

What is the nation-building of states in the Middle East during European decolonisation?

The nation-building of the states in the Middle East in the context of European decolonisation encompasses the emergence under international law of the Arab states with independent state authority, state people and state territory in the Middle East on the social and political basis of a collective national identity in the sense of Arab nationalism.

Research question 6:

What is the political and social interdependence between Arab nationalism and the nation-building process of Middle Eastern states during European decolonization?

The emergence and cementing of Arab nationalism always required an independent state with state authority, a state people and a state territory in the Middle East as a basic political and social prerequisite.

Research question 7:

What political and social dependency exists between pan-Islamism and pan-Arabism as a transnational idea of a state form in the Middle East and Arab nationalism in the process of nation-building of the states in the Middle East during European decolonization?

The emergence and cementing of a cross-state idea of a form of state in the sense of pan-Islamism and pan-Arabism always requires an independent state in the sense of state power, state people and state territory in the Middle East and Arab nationalism as a basic political and social prerequisite.

Research question 8:

What are the main reasons for the failure of the transnational idea of pan-Islamism and pan-Arabism, including their political implementation?

The main reasons for the failure of the cross-state idea of pan-Islamism and pan-Arabism, including its political realisation, include the lack of Arab state nations and their sovereignty and, as a result, the lack of a collective national identity in the sense of Arab nationalism due to the occupation of the Middle East by the European colonial states in the long 19th century. On the other hand, the political, economic and religious dominance of national interests of the Arab state nations in the Middle East and their state authoritarian suppression of a collective pan-national identity in the sense of Arab nationalism after decolonization by the European states.

Research question 9:

> Which political and Islamic pan-movements in the form of
> pan-Islamism and pan-Arabism exist in the context of the
> competition between a secular and Islamic trans-state
> form of government currently in the Middle East?

The pan-movement in the sense of pan-Islamism and pan-Arabism can currently be categorized into four basic pan-movements in the Middle East; namely the pan-Arabism of the Arab League, the pan-Islamism of the Gulf Cooperation Council and the pan-Islamism of the Islamic Republic of Iran and the Islamic terrorist groups.

Research question 10:

> What political, Islamic and social future do Neo-Pan-Islamism
> and Neo-Pan-Arabism and their transnational idea
> have in the Middle East?

The present remarks have shown that this research question cannot be answered in general terms. However, it can also be said that the main political and social influence of the pan-movement in the sense of pan-Islamism and pan-Arabism has no political and social renaissance in the sense of neo-pan-Islamism and neo-pan-Arabism in the Middle East in the present and probably in the foreseeable future. Pan-Islamism has no political, Islamic and social future in the Middle East due to the currently irreconcilable religious conflicts between the Sunni and Shia Islamic faith groups, which are being reignited again and again by the Islamic Republic of Iran and Saudi Arabia and thus cemented politically and socially. Political pan-Arabism, with the cross-state idea of creating a democratic and secular union of states, also has no foreseeable political future due to the individual economic and political interests of the individual Arab states on the one hand and the overarching political and social dominance of Islam in the Arab states on the other. However, the Arab Spring in 2011 clearly showed that the idea of creating a democratic and secular union of states in the spirit of pan-Arabism is still present in the wider Arab society.

Confirmation of the hypotheses

Thesis 1:

The political realisation of the transnational idea of a form of state in the Middle East in the sense of pan-Islamism and pan-Arabism in the phase of political and social liberation failed due to the lack of Arab state nations, including their internal and external sovereignty and the associated lack of collective national identity in the sense of Arab nationalism due to the occupation policy of the European colonial states in the Middle East.

√

Thesis 2:

In the phase of independence and nation-building, a collective national identity emerged in the sense of Arab nationalism during nation-building in the Middle East as a basic social and political condition for the possibility of realising the idea of a pan-state form of government in the Middle East in the sense of pan-Islamism and pan-Arabism.

√

Thesis 3:

The political realisation of the transnational idea of a state form in the Middle East in the sense of pan-Islamism and pan-Arabism in the phase of nation states failed due to the political, economic and religious dominance of national interests of the Arab state nations in the Middle East and their state authoritarian oppression of a collective pan-national identity in the sense of Arab nationalism.

State of Knowledge

The fundamental aim of this paper is to provide a descriptive and analytical account of pan-Islamism and pan-Arabism as a transnational idea of a form of state in the Middle East and its political and social dependence on Arab nationalism in the process of nation-building in the Middle East. In this context, it is shown that the creation of a pan-national state structure in the sense of a transnational form of state always requires the political and socially independent state on the basis of a collective national identity in the sense of nationalism as a result of bringing together the sum of common cultural identities to form a political collective with certain political values and norms as a framework for order. This also results in the scientific realisation of this elaboration that the failure of the state-political implementation of the cross-state idea of a form of state in the Middle East in the sense of pan-Islamism and pan-Arabism was due, on the one hand, to the lack of Arab state nations including their sovereignty and, as a result, to the lack of a collective national identity in the sense of Arab nationalism due to the occupation of the Middle East by the European colonial states in the long 19th century and, on the other hand, to the political, economic and religious dominance of national interests of the Arab state nations in the Middle East and their authoritarian state suppression of a collective pan-national identity in the sense of Arab nationalism after decolonization by the European states.

العابرة الأفكار دراسة ـ والعروبة العروبة'' العمل عنوان تحمل التي الورقة تتضمن بين التنافس ـ الأوسط الشرق في الدولة أشكال من كشكل العربية القومية في للدول التالية المشكلة تعريف ،'' الحكم في للدول عابر وإسلامي علماني شكل

للدولة عابرة كفكرة للدول عابرة كفكرة العربية والقومية الإسلامية القومية السياسية وتبعيتهما الأوسط الشرق في الدولة وشكل الأوسط الشرق في الدولة شكل والاجتماعية
في القومية الدولة بناء عملية في العربية القومية على والاجتماعي السياسي اعتمادها الأوسط الشرق

مترابطة فرعية بحثية أسئلة عشرة طُرحت ،للمشكلة العامة الإشكالية هذه سياق وفي إلى هذا البحث مشكلة بيان ويؤدي .أكبر بعمق الإشكالية هذه وتحليل توضيح أجل من :التالية البحث أسئلة

1 :البحث سؤال
والإسلامية السياسية للفكرة الأساسية والإسلامية السياسية النظرية الطروحات هي ما للقوميات العابرة والعروبة الإسلامية للقومية العابرة للفكرة
العشرين؟ القرن وبداية عشر التاسع القرن نهاية في

2 :البحث سؤال
والاختلاف التشابه أوجه هي ما
الأساسية والإسلامية السياسية النظرية المقولات في
العربية والقومية الإسلامية للقومية العابرة للفكرة
العشرين؟ القرن وبداية عشر التاسع القرن نهاية في

3 :البحث سؤال

ما هي السياسية الحركات التي تأثرت
بالمقولات السياسية والنظرية الإسلامية الأساسية
للفكرة العابرة الإسلامية للقومية والعروبة في نهاية القرن التاسع عشر وبداية القرن
العشرين
في نهاية القرن التاسع عشر وبداية القرن العشرين؟

سؤال البحث 4:
ما هي القومية العربية؟

سؤال البحث 5:
ما هو بناء الدول القومية في الشرق الأوسط؟
خلال فترة إنهاء الاستعمار الأوروبي؟

سؤال البحث 6:
ما هو الترابط السياسي والاجتماعي
بين القومية العربية وعملية
بناء الأمة للدول في الشرق الأوسط؟

سؤال البحث 7:
ما هو الترابط السياسي والاجتماعي بين القومية العربية والقومية
العربية كفكرة عابرة للدول في الشرق الأوسط والقومية العربية بين
القومية الأوسط الشرق في الدولة لشكل العربية في عملية بناء الأمة للدول في
الشرق؟ الأوسط

سؤال البحث 8:
ما هي الأسباب الرئيسية لفشل
فكرة القومية العربية والفكرة العربية القومية العابرة للدول في الشرق الأوسط
بما في ذلك تحقيقها؟ السياسي

سؤال البحث 9:
ما هي الحركة السياسية والحركة القومية الإسلامية
في شكل القومية الإسلامية والقومية العربية
في سياق التنافس بين
العلمانية بين التنافس في سياق للدول عابر إسلامي وشكل علماني شكل بين
والإسلامية
الموجودة حالياً في الشرق؟ الأوسط

سؤال البحث 10:
ما هو المستقبل السياسي والإسلامي والاجتماعي
مستقبل العلمانية الإسلامية الجديدة والعروبة الجديدة وفكرتهما للدولة العابرة في
الشرق؟ الأوسط
وفكرتهما للدولة العابرة في الشرق؟ الأوسط

إن أطروحاتي الثلاث، مع الأخذ بعين الاعتبار المشكلة المطروحة، تتطلب أولاً
شرحاً للإطار التحليلي التاريخي والذي قمت بتطويره.
الحكم أشكال من شكل بمعنى دولة قومية بنية إنشاء يتطلب، العلمية لمعرفتي فوفقًا
قومية هوية أساس على واجتماعيًا سياسيًا مستقلة دولة وجود أولًا للقوميات العابر
ذات سياسية جماعة لتشكيل المشتركة الثقافية الهويات مجموع جمع نتيجة جماعية
للقوميات العابرة الدولة أشكال من شكل قيام فإن، وبالتالي. معينة سياسية ومعايير قيم
بدون أو بقصد المطاف نهاية في تتحد واجتماعياً سياسياً مستقلة دول على دائماً يعتمد
كونفدرالية أو فيدرالية دولة شكل في الصلة ذات الجامعة القومية الدولة لتكوين قصد
القومي بالمعنى الجماعية القومية هويتها تعتبر والتي، للدول فيدرالي اتحاد أو ولايات
الجماعية القومية الهوية وترسيخ لتكوين مسبق واجتماعي سياسي كشرط ضرورة
الجامع القومي بالمعنى.

الشرق في للدول عابرة كفكرة العربية والقومية العروبة سأصنف، ذلك على علاوة
في الدول بناء عملية في العربية للقومية والاجتماعية السياسية وتبعيتها الأوسط
تاريخية مراحل ثلاث إلى الأوسط الشرق

136

- مرحلة التحرر السياسي والاجتماعي
- مرحلة الاستقلال وبناء الأمة
- مرحلة الدول القومية

- مرحلة التحرر السياسي والاجتماعي

وتتميز تقريبًا؛ الطويل القرن التاسع عشر والاجتماعي السياسي التحرر مرحلة تغطي الأوسط للشرق الأوروبية الاستعمارية الدول باحتلال وسياسيًا اجتماعيًا شيء كل قبل للدول بالنسبة وتبعيته لتخلفه وسياسيًا اجتماعيًا العربي العالم إدراك من عنه نتج وما القومية بمعنى الناشئة القومية بالحركة وكذلك، المسيحي التوجه ذات الاستعمارية العربية والقومية الإسلامية.

- مرحلة الاستقلال وبناء الأمة

العالمية الحرب بداية من تقريبية فترة القومية الدولة وبناء الاستقلال مرحلة تغطي في وسياسيًا اجتماعيًا المرحلة هذه وتتميز، الثانية العالمية الحرب نهاية إلى الأولى لاتفاقية التاريخية الأحداث بسبب العربية للقومية الجماعية الهوية بتطور الأول المقام وشريف مكماهون بين المراسلات الاعتبار بعين الأخذ مع، بلفور ووعد بيكو سايكس مكة أمير حسين.

- المرحلة 3 مرحلة الدول القومية

يومنا إلى الثانية العالمية الحرب نهاية من تقريبية فترة القومية الدولة مرحلة تغطي ذلك في بما، العربية الدول باستقلال وسياسياً اجتماعياً شيء كل قبل وتتميز، هذا للقوميات العابرة للمشاريع السياسي وخاصة الاجتماعي والفشل العربية القومية تشكل العربية والقومية الإسلامية القومية بمعنى.

1: الأطروحة

العروبي بمفهومها الأوسط الشرق في للدول العابرة الدولة لفكرة السياسي التحقيق إن مرحلة في والإسلامي

في العروبي والإسلامي العروبي بالمعنى الأوسط الشرق في الدولة أشكال من لشكل الدولة إلى العربية الدول افتقار بسبب فشل والاجتماعي السياسي التحرر مرحلة

إلى افتقار من بذلك يرتبط وما والخارجية الداخلية سيادتها فيها بما العربية الوطنية اتبعتها التي الاحتلال سياسة بسبب العربي القومي بالمعنى الجامعة الوطنية الهوية الأوسط الشرق في الأوروبية الاستعمارية الدول.

الأطروحة 2:

الأمة وبناء الاستقلال مرحلة في الأمة وبناء الاستقلال مرحلة في العربي القومي بالمعنى جماعية قومية هوية الأوسط الشرق في الأمة بناء مرحلة في العربية القومية أساسي وسياسي اجتماعي كشرط الشرق في الدولة لشكل الجامعة للفكرة الدولة ـ للدولة السياسي التحقيق لإمكانية بمعنى الأوسط العربية والقومية الإسلامية القومية.

الأطروحة 3:

للدول العابرة للفكرة الدولة ـ السياسي التحقيق إمكانية السياسية الهيمنة بسبب فشل القومية الدول مرحلة في العربية والقومية العروبة وقمعها الأوسط الشرق في العربية للدول الفردية الدولة لمصالح والدينية والاقتصادية القومية بمعنى الأوسط الشرق في الدولة لشكل الجامعة للفكرة السياسي ـ السياسي العربية.

الإجابات على أسئلة البحث المطروحة

سؤال البحث 1:

ما هي المقولات النظرية السياسية والإسلامية الأساسية للفكرة العابرة للقوميات في نهاية القرن التاسع عشر وبداية القرن العشرين؟

العروبة	العروبة الإسلامية
محاربة الأوروبيين الإمبريالية في الشرق الأوسط	محاربة الأوروبيين الإمبريالية في الشرق الأوسط

التغيير في المجتمع والأهمية السياسية للدين الإسلامي	التغيير في الأهمية الاجتماعية والسياسية الدين الإسلامي
خلق العصر التنوير في العالم العربي	إعادة الأسلمة و التحديث للمجتمع والدولة
إنشاء مجموعة من العربية الناس من خلال الهوية الثقافية	خلق جماعة من الناس ذوي المعتقدات الإسلامية من خلال الهوية الثقافية العامة ثم الاختزال الهادف للهوية الثقافية في الإسلام كمضمون المهيمن على الهوية الثقافية
وحدة الشعب العربي	وحدة اللغة العربية وأخيراً الشعوب الإسلامية الهادفة
الإنشاء والتدعيم الهوية الجماعية العربية	الإنشاء والتدعيم العربية وأخيرًا الإسلام الهادف، الهوية الجماعية الإسلامية الهادفة
الإنشاء والتدعيم القومية العربية	الإنشاء والتدعيم واستهدافها في نهاية المطاف القومية الإسلامية
إنشاء الدول العربية في الشرق الأوسط في التبعية هويتهم الثقافية	إنشاء دول عربية واستهدافها في نهاية المطاف الإسلامية في الشرق الأوسط اعتمادًا على الثقافة واستهدافها في النهاية الهوية الإسلامية
اعتماد نموذج الدولة الفرنسية كنموذج للدولة للدول العربية في الشرق الأوسط	الأمة كنموذج للدولة للدول في الشرق الأوسط
إقليم الدولة / شعب الدولة / سلطة الدولة	الإقليم الوطني/الشعب الوطني/ سلطة الدولة / الدين
التركيز على جغرافية الدول العربية	التركيز على جغرافية الدول الإسلامية

في الشرق الأوسط	في الشرق الأوسط
الناس كجماعة دينية	الشعب كأمة ثقافية
إعادة الأسلمة مع التحديث	العلمانية
الثيوقراطية	جمهورية
أسبقية الإسلام	أولوية السياسة
مبدأ الوحدة	مبدأ الفصل
الثيوقراطية	الديمقراطية
الدستور	الدستور
السيادة الشعبية مع قيود المبادئ الإسلامية	سيادة الشعب
حق مقاومة الشركة	الانتخابات حصريًا بموجب المرجعية الديمقراطية للمجتمع
الخليفة ومجلس الوزراء	البرلمان ← الحكومة (الوزير/الرئيس)
اتخاذ القرار من خلال المبادئ الإسلامية و الأغلبية الاجتماعية	اتخاذ القرار من خلال الأغلبية الاجتماعية
تقييد الفصل بين السلطات	الفصل بين السلطات
سيادة القانون	سيادة القانون
حقوق الإنسان/الحقوق المدنية/الحرية/المساواة بمعنى الإسلام الإصلاحي	حقوق الإنسان/الحقوق المدنية/الحرية/المساواة
أحادية الثقافة في المجتمع	تعددية المجتمع
إعادة الأسلمة بما في ذلك التحديث والسلام بين الدول الإسلامية في الشرق الأوسط	إرساء الديمقراطية والسلام بين الدول العربية في الشرق الأوسط
السلام والتعايش مع الدول الأخرى	السلام والتعايش مع الدول الأخرى
الدولة كأساس سياسي	الدولة كأساس سياسي

للتعميق السياسي والاجتماعي داخل من الدول العربية على النحو التالي السياسية والثقافية المجتمع في الشرق الأوسط	لصالح التعميق السياسي والاجتماعي داخل الدول الإسلامية كمجتمع إسلامي في الشرق الأوسط
رابطة الدول العربية في الشرق الأوسط	الدولة الاتحادية للدول الإسلامية في الشرق الأوسط بمعنى الخلافة

<u>سؤال البحث 2:</u>

ما هي أوجه التشابه والاختلاف

المقولات السياسية والنظرية الإسلامية الأساسية

الفكرة العابرة للحدود القومية للعروبة والإسلاموية

في نهاية القرن التاسع عشر وبداية القرن العشرين؟

أوجه التشابه

العروبة	العروبة الإسلامية
محاربة الأوروبيين الإمبريالية في الشرق الأوسط	محاربة الأوروبيين الإمبريالية في الشرق الأوسط
التغيير في الاجتماعي والأهمية السياسية للدين الإسلامي	التغيير في الأهمية الاجتماعية والسياسية لـ الدين الإسلامي
الدستور	الدستور
سيادة القانون	سيادة القانون
السلام والتعايش مع الدول الأخرى	السلام والتعايش مع الدول الأخرى

العروبة	العروبة الإسلامية
إنشاء عصر التنوير في العالم العربي	إعادة الأسلمة و التحديث من أجل المجتمع والدولة
تبني نموذج الدولة الفرنسية كنموذج للدولة في الدول العربية في الشرق الأوسط	الأمة كنموذج للدولة في دول الشرق الأوسط
إقليم الدولة / شعب الدولة / سلطة الدولة	الإقليم الوطني/الوطني الشعب / سلطة الدولة / الدين
التركيز على جغرافية الدول العربية في الشرق الأوسط	التركيز على جغرافية الدول الإسلامية في الشرق الأوسط
الشعب كأمة ثقافية	الناس كجماعة دينية
العلمانية	إعادة الأسلمة معًا مع التحديث
الجمهورية	الثيوقراطية
أولوية السياسة	أسبقية الإسلام
مبدأ الفصل	مبدأ الوحدة
الديمقراطية	الثيوقراطية
سيادة الشعب	السيادة الشعبية مع وجود قيود تحت المبادئ الإسلامية
الانتخابات في ظل المرجعية الديمقراطية للمجتمع حصريًا	حق المقاومة للشركة
البرلمان ← الحكومة (وزير/رئيس)	الخليفة ومجلس الوزراء
اتخاذ القرار من خلال الأغلبية الاجتماعية	اتخاذ القرار من خلال التفسير الإسلامي المبادئ و الأغلبية الاجتماعية

العروبة الإسلامية	العروبة
تقييد الفصل بين السلطات	الفصل بين السلطات
الإنسان/المدنية/الحرية/الإنسانية/ حقوق المساواة في المعنى الإسلام الإصلاحي	الإنسان/المدنية/الحرية/الإنسانية/ حقوق المساواة
أحادية الثقافة في المجتمع	تعددية المجتمع
إعادة الأسلمة بما في ذلك التحديث والسلام بين الدول الإسلامية في الشرق الأوسط	إرساء الديمقراطية والسلام بين الدول العربية في الشرق الأوسط
الدولة كأساس سياسي لـ التعميق السياسي والاجتماعي داخل الدول الإسلامية على أنها مجتمع إسلامي في الشرق الأوسط	الدولة كأساس سياسي لـ تعمق سياسي واجتماعي داخل الدول العربية على النحو التالي سياسية وثقافية المجتمع في الشرق الأوسط
الدولة الفدرالية للدول الإسلامية في الشرق الأوسط بمعنى الخلافة الإسلامية	رابطة الدول العربية في الشرق الأوسط

اتفاق جزئي

العروبة الإسلامية	العروبة
خلق جماعة من الناس ذوي المعتقدات الإسلامية من خلال الهوية الثقافية العامة واختزال الهوية الثقافية في الإسلام كمضمون مهيمن على الهوية الثقافية	إنشاء مجموعة من الشعب العربي من خلال الهوية الثقافية

العروبة	العروبة الإسلامية
وحدة الشعب العربي	وحدة الشعب العربي وأخيراً الشعب الإسلامي الهادف العربي
إنشاء وترسيخ الهوية الجماعية العربية وترسيخها	إنشاء وترسيخ الهوية الجماعية العربية وأخيراً الهادفة الإسلامية الجماعية الإسلامية الهادفة
الإنشاء والتدعيم القومية العربية	إنشاء وترسيخ القومية العربية واستهدافها في نهاية المطاف القومية الإسلامية
إنشاء الدول العربية في الشرق الأوسط اعتماداً على هويتها الثقافية	إنشاء دول عربية وإسلامية هادفة في نهاية المطاف في الشرق الأوسط اعتمادا على الثقافية والمستهدفة في نهاية المطاف الهوية الإسلامية

<u>سؤال البحث 3:</u>

ما هي الحركات السياسية التي تأثرت ب
المبادئ السياسية والنظرية الإسلامية
الفكرة العابرة للحدود القومية للإسلام والعروبة
في نهاية القرن التاسع عشر وبداية القرن العشرين؟

كان للمقولات السياسية والنظرية الإسلامية الأساسية لفكرة العروبة العابرة للدولة في نهاية القرن التاسع عشر وبداية القرن العشرين تأثير حاسم على الحركة السياسية للنهضة بنزعتها السياسية الأساسية المتمثلة في الفصل بين الدولة والدين. كما كان للمقولات النظرية السياسية والإسلامية الأساسية للفكرة الإسلامية العابرة للدولة في نهاية القرن التاسع عشر وبداية القرن العشرين تأثير حاسم على الحركة السياسية للسلفية والوهابية بنزعتها الإسلامية الأساسية المتمثلة في وحدة الدولة والدين.

<u>سؤال البحث 4:</u>

ما هي القومية العربية؟

القومية العربية كهوية قومية جماعية هي اندماج مجموع الهويات الثقافية المشتركة بمعنى الوطن في جماعة سياسية ذات قيم ومعايير سياسية معينة كشعب دولة على أرض دولة تحت سلطة دولة.

<u>سؤال البحث 5:</u>

ما هو بناء الدول القومية في الشرق الأوسط خلال فترة إنهاء الاستعمار الأوروبي؟

يشمل بناء الدولة القومية للدول في الشرق الأوسط في سياق إنهاء الاستعمار الأوروبي نشوء الدول العربية في ظل القانون الدولي بسلطة الدولة المستقلة وشعب الدولة وإقليم الدولة في الشرق الأوسط على أساس اجتماعي وسياسي لهوية وطنية جماعية بالمعنى القومي العربي.

<u>سؤال البحث 6:</u>

ما هو الترابط السياسي والاجتماعي بين القومية العربية وعملية بناء الأمة في دول الشرق الأوسط خلال فترة إنهاء الاستعمار الأوروبي؟

لطالما تطلب ظهور القومية العربية وترسيخها وجود دولة مستقلة ذات سلطة دولة وشعب دولة وإقليم دولة في الشرق الأوسط كشرط أساسي سياسي واجتماعي.

<u>سؤال البحث 7:</u>

ما هي التبعية السياسية والاجتماعية الموجودة
بين القومية الإسلامية والقومية العربية كفكرة عابرة للحدود الوطنية لشكل الدولة في الشرق الأوسط والقومية العربية   في عملية بناء الدول في الشرق الأوسط أثناء إنهاء الاستعمار الأوروبي؟

إن نشوء وترسيخ فكرة الدولة العابرة للدول بمعنى العروبة والإسلام، يتطلب دائماً وجود دولة مستقلة بمعنى سلطة الدولة وشعب الدولة وإقليم الدولة في الشرق الأوسط والقومية العربية كشرط أساسي سياسي واجتماعي.

<u>سؤال البحث 8:</u>

ما هي الأسباب الرئيسية للفشل
الفكرة العابرة للحدود القومية للإسلام والعروبة
بما في ذلك تنفيذها السياسي؟

ومن الأسباب الرئيسية لفشل فكرة العروبة والقومية العربية العابرة للدول، بما في ذلك تحقيقها السياسي، عدم وجود أمم الدولة العربية وسيادتها، ونتيجة لذلك، عدم وجود هوية قومية جماعية بالمعنى القومي العربي بسبب احتلال الدول الاستعمارية الأوروبية للشرق الأوسط   الشرق الأوسط في القرن التاسع عشر الطويل.ومن ناحية أخرى، الهيمنة السياسية والاقتصادية والدينية للمصالح القومية للدول العربية في الشرق الأوسط وقمعها السياسي والاقتصادي والديني للمصالح القومية العربية بعد إنهاء الاستعمار من قبل الدول الأوروبية.

سؤال البحث 9:

أي الحركات السياسية والإسلامية القومية
في شكل القومية الإسلامية والقومية العربية
موجودة في سياق المنافسة بين
شكل الحكم العلماني والإسلامي العابر للدول
حالياً في الشرق الأوسط؟

يمكن تصنيف الحركة القومية بمعنى القومية الإسلامية والقومية العربية في الوقت الراهن إلى أربع حركات قومية أساسية في الشرق الأوسط؛ وهي القومية العربية التابعة لجامعة الدول العربية، والقومية الإسلامية التابعة لمجلس التعاون الخليجي، والقومية الإسلامية التابعة للجمهورية الإسلامية الإيرانية والجماعات الإسلامية الإرهابية.

سؤال البحث 10:

ما هو المستقبل السياسي والإسلامي والاجتماعي

إن الإسلاموية الجديدة والعروبة الجديدة قد

وفكرتهم العابرة للحدود في الشرق الأوسط؟

وقد أظهرت هذه الملاحظات أنه لا يمكن الإجابة على هذا السؤال البحثي بشكل عام. ومع ذلك، يمكن القول أيضا أن التأثير السياسي والاجتماعي الرئيسي للحركة القومية بمعنى القومية الإسلامية والقومية العربية ليس له أي تأثير سياسي واجتماعي بمعنى القومية الإسلامية والقومية العربية الجديدة في الشرق الأوسط في الوقت الحاضر وربما في المستقبل المنظور. ليس للعروبة الإسلامية مستقبل سياسي وإسلامي واجتماعي في الشرق الأوسط بسبب الصراعات الدينية التي لا يمكن التوفيق بينها في الوقت الراهن بين المذهبين الإسلامي السني والشيعي، والتي يتم إشعالها مرة تلو الأخرى من قبل الجمهورية الإسلامية الإيرانية والمملكة العربية السعودية، وبالتالي ترسيخها سياسياً واجتماعياً. كما أن العروبة السياسية، بفكرتها العابرة للدول، والمتمثلة في إنشاء اتحاد ديمقراطي وعلماني للدول، ليس لها مستقبل سياسي متوقع بسبب المصالح الاقتصادية والسياسية الفردية للدول العربية من جهة والهيمنة السياسية والاجتماعية الشاملة للإسلام في الدول العربية من جهة أخرى. ومع ذلك، أظهر الربيع العربي في عام 2011 بوضوح أن فكرة إنشاء اتحاد ديمقراطي وعلماني للدول بروح العروبة لا تزال حاضرة في المجتمع العربي الأوسع.

تأكيد الفرضيات المطروحة

<u>الأطروحة 1:</u>

الإدراك السياسي للفكرة العابرة للحدود الوطنية

فشل قيام شكل من أشكال الدولة في الشرق الأوسط بالمعنى العروبي والإسلامي في مرحلة التحرر السياسي والاجتماعي بسبب افتقار الدول العربية إلى الدولة الوطنية العربية بما فيها سيادتها الداخلية والخارجية وما يرتبط بذلك من افتقار إلى الهوية الوطنية الجامعة بالمعنى القومي العربي بسبب سياسة الاحتلال التي اتبعتها الدول الاستعمارية الأوروبية في الشرق الأوسط.

الأطروحة 2:

في مرحلة الاستقلال وبناء الدولة، برزت هوية وطنية جماعية بالمعنى العربي في مرحلة الاستقلال وبناء الدولة

القومية أثناء بناء الأمة في الشرق الأوسط

كشرط اجتماعي وسياسي أساسي لإمكانية تحقيق فكرة الدولة القومية في الشرق الأوسط بمعنى القومية الإسلامية والقومية العربية

✓

الأطروحة 3:

الإدراك السياسي للفكرة العابرة للحدود الوطنية

فشل شكل الدولة في الشرق الأوسط بالمعنى العروبي والإسلامي العروبي في مرحلة الدول القومية بسبب الهيمنة السياسية والاقتصادية والدينية للمصالح القومية للدول العربية في الشرق الأوسط وقمعها السلطوي الحكومي للهوية القومية الجامعة بالمعنى القومي العربي

✓

1حالة المعرفة

والهدف الأساسي من هذه الورقة هو تقديم سرد وصفي وتحليلي للعروبة والعروبة كفكرة عابرة للقومية لشكل الدولة في الشرق الأوسط واعتمادها السياسي والاجتماعي على القومية العربية في عملية بناء الدولة القومية في الشرق الأوسط. وفي هذا السياق، يتبين أن إنشاء بنية الدولة القومية بمعنى شكل الدولة العابر للقوميات يتطلب دائماً قيام الدولة المستقلة سياسياً واجتماعياً على أساس هوية قومية جماعية بالمعنى القومي كنتيجة لجمع مجموع الهويات الثقافية المشتركة لتشكيل جماعة سياسية ذات قيم ومعايير سياسية معينة كإطار للنظام. وينتج عن هذا الإدراك العلمي لهذا التفصيل أن فشل التطبيق السياسي للدولة - الدولة لفكرة الدولة العابرة للدول في الشرق الأوسط بالمعنى العروبي والإسلامي كان مرده من جهة إلى عدم وجود دول عربية قومية بما فيها سيادتها من جهة، ومن جهة أخرى إلى عدم وجود هوية قومية جماعية بالمعنى القومي العربي بسبب احتلال الدول الاستعمارية الأوروبية للشرق الأوسط في القرن التاسع عشر الطويل، ومن جهة ثالثة إلى عدم وجود هوية سياسية بالمعنى القومي العربي.ومن ناحية أخرى، فإن الهيمنة السياسية والاقتصادية والدينية للمصالح القومية   للدول العربية في الشرق الأوسط وقمع الدولة الاستبدادية للهوية القومية الجماعية بالمعنى القومي العربي بعد إنهاء الاستعمار من قبل الدول الأوروبية.

Literaturverzeichnis:

• Abrahamian, Ervand: History of Modern Iran, New York 2008.

• Adam, Robert / Willis, Michael / McCarthy, Rory / Ash, Timothy: Civil Resistance in the Arab Spring, in: Oxford University Press 2016, S.154ff.

• Afghani: الوحدة جميع المسلمين (Einheit alle Muslime), Istanbul 1894.

• Al Faruqi, Maysam: Umma - The Orientalists and The Quranic Concept of Identity, in: Journal of Islamic Studies 2005, S.12ff.

• Amirpur, Katajun: Der schiitische Islam, München 2015.

• Anderson, Benedict: Die Erfindung der Nation, Berlin 1998.

• Antonius, George: The Arab Awakening, London 2016.

• Armstrong, Karem: Islam - A Short History, London 2000.

• Bartmeier, Andre / Holzberg, Ralf / Nibbeling, Jochaim / Smoydzin, Jochen: Staatsrecht, 5.Auflage, München 2023.

• Baumann, Gerd / Gingrich, Andre: Grammars of Identity, New York 2005.

• Boerner, Peter: Concept of National Identity, München 1990.

• Brownlee, Jason / Masoud, Tarek / Reynolds, Andrew: The Arab Spring, in: Oxford University Press 2013, S.22ff.

• Buchan, James: The Revolution in Iran and its Consequences, London 2012.

- Butrus al-Bustani: المجتمع العربي في عصر التنوير (Die arabische Gesellschaft in der Aufklärung), Beirut 1877.

- Cleveland, William / Bunton, Martin: A History of the Modern Middle East, 7.Auflage, London 2024.

- Cohen, Anthony: Culture as Identity - An Anthropologist's View, in: New Literary History 1993, S.195ff.

- Cordesman, Antohny: Islam and the Patterns in Terrorism and Violent Extremism, London 2016.

- Denny, Frederick Mathewson: The Encyclopaedia of Islam, 8.Auflage, London 2022.

- Denny, Frederick Mathewson: The meaning of ummah in the Qur'ān, in: History of Religions 1975, S.34ff.

- Doehring, Karl: Allgemeine Staatslehre, 3.Auflage, München 2004.

- Donaldson, Megan: The Sykes-Picot Agreement and Secret Trea-ty-Making, in: American Journal of International Law 2016, S.127ff.

- Elbers, Helmut / Kostiner, Joseph: Die iranische Herausforderung - Konflikt und Kooperation in der Golfregion, in: Bröchler / Lauth: Politikwissenschaftliche Perspektiven, 2008 Wiesbaden.

- Elger, Ralf / Stolleis, Freiderike: Kleines Islam-Lexikon – Geschichte - Alltag - Kultur, 6.Auflage, München 2018.

- Emig, Julia: Die Liga der arabischen Staaten, Dissertation, Heidelberg 2000.

- Endreß, Gerhard: Der Islam - Eine Einführung in seine Geschichte, 3.Auflage, München 1997.

- Engin, Kenan: Nation-Building, Heidelberg 2013.

- Eposito, John: Islam and Democracy, London 1996.

- Esposito, John: The Islamic Revolution - Its Global Impact, New York 1990.

- Farah, Tawfic: Pan-Arabism and Arab nationalism, London 2019.

- Fazal, Tanweer: Ummah, Qaum and Watan, London 2000.

- Fernand Kreff / Eva-Maria Knoll / Andre Gingrich: Lexikon der Globalisierung, Berlin 2011.

- Francis Marrash: والأمة التنوير (Aufklärung und Nation), Aleppo 1867.

- Friedman, Isaiah: The Question of Palestine - British-Jewish-Arab Relations (1914-1918), London 1973.

- Fuchs-Heinritz, Werner: Lexikon zur Soziologie, München 2012.

- Fürting, Henner: Zwischen Kolonialismus und Nationenbildung, in: bpb 13.12.2016.

- Giesen, Bernhard / Seyfert, Robert: Kollektive Identität, in: Politik und Zeitgeschichte, 2013, S.39ff.

- Giesen, Bernhard: Nationale und kulturelle Identität, Stuttgart 1991.

- Gingrich, Richard / Fox, Andre: Anthropology by Comparison, London 2002.

- Hafez, Farid: Islamisch-politische Denker, München 2014.

- Halm, Heinz: Die Schiiten, 2.Auflage, München 2016.

- Hanieh, Adam: The Gulf Cooperation Council, Cambridge University 2018.

- Hegghammer, Thomas / Lacroix, Stéphane: Saudi Arabia in Transition, in: Cambridge University Press 2015, S.151ff.

- Herdegen, Matthias: Völkerrecht, 23.Auflage, München 2024.

- Herzog, Roman: Allgemeine Staatslehre, München 1971.

- Hillmann, Karl: Wörterbuch der Soziologie, München 2007.

- Hoos, Saram: The five pillars of religion, Oxford 2010.

- Hourani, Albert: Arabic Thought in the Liberal Age, London 2017.

- Ira, Lapidus: Islamic Societies to the Nineteenth Century – A Global History, in: Cambridge University Press 2012, S.200ff.

- Jackson, Richard: Islamic Terrorism in Political and Academic Discourse, in: Government and Opposition 2007, S.394ff.

- Karpat, Kemal: The politicization of Islam - Reconstructing identity, state, faith, and community in the late Ottoman state, in: Oxford University Press 2001, S.154ff.

- Karpat, Kemal: The politicization of Islam, London 2010.

- Keddie, Nikki: An Islamic Response to Imperialism, London 1983.

- Kedourie, Elie: The McMahon-Husayn Correspondence and its Interpretations, London 2001.

- Kennedy, Hugh: Das Kalifat - Von Mohammeds Tod bis zum Islamischen Staat, München 2017.

- Kettermann, Günter: Atlas der Geschichte des Islams, Berlin 2001.

- Khalidi, Rashid: The Origins of Arab Nationalism, Columbia 1991.

- Khoury, Adel: Lexikon des Islam - Geschichte - Ideen - Gestalten, Berlin 2006.

- Kitching, Paula: The Sykes-Picot agreement and lines in the sand, in: Historian 2015, S.18ff.

- Kraitt, Tyma: Sunniten gegen Schiiten - Zur Konstruktion eines Glaubenskrieges, München 2021.

- Krämer, Gudrun: Geschichte des Islams, München 2024.

- Kreff, Fernand / Knoll, Eva-Maria / Gingrich, Andre: Lexikon Der Globalisierung, München 2011.

- Kurzman, Charles: Modernist Islam, in: Oxford University Press 2002, S.132ff.

- Lauziere, Henri: The Making of Salafism, New York 2016.

- Mathew, William: The Balfour Declaration and the Palestine Mandate, in: British Journal of Middle Eastern Studies 2013, S.231ff.

- Meijer, Roel / Haykel, Bernard: Global Salafism: Islam's New Religious Movement, in: Oxford University Press 2013, S.45ff.

- Motadel, David: Islam and the European Empires, London 2014.

- Muhammad Abduh: الوحدة لاهوت (Theologie der Einheit), Kairo 1900.

- Napoleoni, Loretta: The Islamic State and the Redrawing of the Middle East, London 2014.

- Quigley, John: The Statehood of Palestine, Cambridge 2010.

- Rahman, Fazlur: The Principle of Shura and the Role of the Umma in Islam, in: American Journal of Islamic Social Sciences 1984, S.1ff.

- Rashid Rida: الإسلامية الوحدة (Islamische Einheit), Kairo 1910.

- Rifaʿa at-Tahtawi: الحداثة الإسلامية (Islamischer Modernismus), Kairo 1868.

- Rosiny, Stephan: Identität, Partizipation, Vision – unerfüllte Erwartungen an moderate Islamisten, in: GIGA Focus Nahost 2016, S.2ff.

- Roy, Olivier: Globalized Islam: The Search for a New Ummah, in: Columbia University Press 2004, S.266ff.

- Rüdiger, Robert / Schlicht, Daniela / Saleem, Shazia: Kollektive Identität im Nahen und Mittleren Osten, München 2010.

- Schmidt, Rolf: Staatsorganisationsrecht, 23.Auflage, München 2024.

- Schumm, Walter / Kohler, Alison: Social cohesion and the five pillars of Islam, in: American Journal of Islamic Social Sciences 2006, S.126ff.

- Schweisfurth, Theodor: Völkerrecht, München 2006.

- Seidensticker, Tilman: Islamismus - Geschichte, Vordenker, Organisation, München 2014.

- Steinberg, Guido: Schiiten und Sunniten - ein politisch-religiöser Konflikt der Gegenwart, in: BpB 02.10.2020.

- Tausch, Arno: The Future of the Gulf Region, London 2011.

- Tibi, Bassam: Vom Gottesreich zum Nationalstaat – Islam und Panarabischer Nationalismus, Frankfurt am Main 1991.

- Usborne, Esther / Sablonniere, Roxane: The Function of Cultural Identity, in: Journal for the Theory of Social Behaviour 2014, S.436ff.

- Valentine, Simon: Wahhabism in Saudi Arabia and Beyond, London 2015.

- Vereté, Mayir: The Balfour Declaration and Its Makers, in: Middle Eastern Studies 1970, S.48ff.

The Sykes-Picot Agreement (1916)

Sir Edward Grey to Paul Cambon, 16 May 1916

I have the honour to acknowledge the receipt of your Excellency's note of the 9th instant, stating that the French Government accept the limits of a future Arab State, or Confederation of States, and of those parts of Syria where French interests predominate, together with certain conditions attached thereto, such as they result from recent discussions in London and Petrograd on the subject.

I have the honour to inform your Excellency in reply that the acceptance of the whole project, as it now stands, will involve the abdication of considerable British interests, but, since His Majesty's Government recognise the advantage to the general cause of the Allies entailed in producing a more favourable internal political situation in Turkey, they are ready to accept the arrangement now arrived at, provided that the co-operation of the Arabs is secured, and that the Arabs fulfil the conditions and obtain the towns of Homs, Hama, Damascus, and Aleppo.

It is accordingly understood between the French and British governments:

1. That France and Great Britain are prepared to recognize and protect an independent Arab states or a confederation of Arab states (a) and (b) marked on the annexed map, under the suzerainty of an Arab chief. That in area (a) France, and in area (b) Great Britain, shall have priority of right of enterprise and local loans. That in area (a) France, and in area (b) Great Britain, shall alone supply advisers or foreign functionaries at the request of the Arab state or confederation of Arab states.

2. That in the blue area France, and in the red area Great Britain, shall be allowed to establish such direct or indirect administration or control as they desire and as they may think fit to arrange with the Arab state or confederation of Arab states.

3. That in the brown area there shall be established an international administration, the form of which is to be decided upon after consultation with Russia, and subsequently in consultation with the other allies, and the representatives of the sheriff of Mecca.

4. That Great Britain be accorded (1) the ports of Haifa and Acre, (2) guarantee of a given supply of water from the Tigris and Euphrates in area (a) for area (b). His majesty's government, on their part, undertake that they will at no time enter into negotiations for the cession of Cyprus to any third power without the previous consent of the French government.

5. That Alexandretta shall be a free port as regards the trade of the British empire, and that there shall be no discrimination in port charges or facilities as regards British shipping and British goods; that there shall be freedom of transit for British goods through Alexandretta and by railway through the blue area, or (b) area, or area (a); and there shall be no discrimination, direct or indirect, against British goods on any railway or against British goods or ships at any port serving the areas mentioned.

    That Haifa shall be a free port as regards the trade of France, her dominions and protectorates, and there shall be no discrimination in port charges or facilities as regards French shipping and French goods. There shall be freedom of transit for French goods through Haifa and by the British railway through the brown area, whether those goods are intended for or originate in the blue area, area (a), or area (b), and there shall be no discrimination, direct or indirect, against French goods on any railway, or against French goods or ships at any port serving the areas mentioned.

6. That in area (a) the Baghdad railway shall not be extended southwards beyond Mosul, and in area (b) northwards beyond Samarra, until a railway connecting Baghdad and Aleppo via the Euphrates valley has been completed, and then only with the concurrence of the two governments.

7. That Great Britain has the right to build, administer, and be sole owner of a railway connecting Haifa with area (b), and shall have a perpetual right to transport troops along such a line at all times. It is to be understood by both governments that this railway is to facilitate the connection of Baghdad with Haifa by rail, and it is further understood that, if the engineering difficulties and expense entailed by keeping this connecting line in the brown area only make the project unfeasible, that the French government shall be prepared to consider that the line in question may also traverse the Polgon Banias Keis Marib Salkhad tell Otsda Mesmie before reaching area (b).

8. For a period of twenty years the existing Turkish customs tariff shall remain in force throughout the whole of the blue and red areas, as well as in areas (a) and (b), and no increase in the rates of duty or conversions from ad

valorem to specific rates shall be made except by agreement between the two powers.

There shall be no interior customs barriers between any of the above mentioned areas. The customs duties leviable on goods destined for the interior shall be collected at the port of entry and handed over to the administration of the area of destination.

9. It shall be agreed that the French government will at no time enter into any negotiations for the cession of their rights and will not cede such rights in the blue area to any third power, except the Arab state or confederation of Arab states, without the previous agreement of His Majesty's government, who, on their part, will give a similar undertaking to the French government regarding the red area.

10. The British and French government, as the protectors of the Arab state, shall agree that they will not themselves acquire and will not consent to a third power acquiring territorial possessions in the Arabian peninsula, nor consent to a third power installing a naval base either on the east coast, or on the islands, of the red sea. This, however, shall not prevent such adjustment of the Aden frontier as may be necessary in consequence of recent Turkish aggression.

11. The negotiations with the Arabs as to the boundaries of the Arab states shall be continued through the same channel as heretofore on behalf of the two powers.

12. It is agreed that measures to control the importation of arms into the Arab territories will be considered by the two governments.

I have further the honor to state that, in order to make the agreement complete, His Majesty's government are proposing to the Russian government to exchange notes analogous to those exchanged by the latter and your excellency's government on the 26th April last. Copies of these notes will be communicated to your excellency as soon as exchanged. I would also venture to remind your excellency that the conclusion of the present agreement raises, for practical consideration, the question of claims of Italy to a share in any partition or rearrangement of Turkey in Asia, as formulated in Article 9 of the agreement of the 26th April, 1915, between Italy and the allies.

His Majesty's government further consider that the Japanese government should be informed of the arrangements now concluded.

Balfour Declaration 1917

Dear Lord Rothschild,

I have much pleasure in conveying to you, on behalf of His Majesty's Government, the following declaration of sympathy with Jewish Zionist aspirations which has been submitted to, and approved by, the Cabinet.

"His Majesty's Government view with favour the establishment in Palestine of a national home for the Jewish people, and will use their best endeavours to facilitate the achievement of this object, it being clearly understood that nothing shall be done which may prejudice the civil and religious rights of existing non-Jewish communities in Palestine, or the rights and political status enjoyed by Jews in any other country."

I should be grateful if you would bring this declaration to the knowledge of the Zionist Federation.

Yours sincerely,

Arthur James Balfour

Abstract (deutsch)

Das grundlegende Ziel dieser Ausarbeitung ist die beschreibende und analytische Darstellung des Panislamismus und Panarabismus als staatsübergreifende Idee einer Staatsform im Nahen Osten und deren politischen und gesellschaftlichen Abhängigkeit vom arabischen Nationalismus im Prozess der Nationsbildung der Staaten im Nahen Osten. In diesem Kontext wird dargelegt, dass die Schaffung von einem pannationalem Staatengebilde im Sinne einer staatsübergreifenden Staatsform stets erfordert den politischen und gesellschaftlichen unabhängigen Staat auf der Basis einer kollektiven nationalen Identität im Sinne des Nationalismus als Ergebnis der Zusammenführen der Summe von gemeinsamen kulturellen Identitäten zu einem politischen Kollektiv mit bestimmten politischen Werten und Normen als Ordnungsrahmen. Daraus resultiert auch die wissenschaftliche Erkenntnis dieser Ausarbeitung, dass das Scheitern der staatspolitischen Umsetzung der staatsübergreifenden Idee von einer Staatsform im Nahen Osten im Sinne vom Panislamismus und Panarabismus bedingt gewesen ist, und zwar zum einen an den fehlenden arabischen Staatsnationen samt deren Souveränität und zusammenhängenden dadurch an der fehlenden kollektiven nationalen Identität im Sinne des arabischen Nationalismus aufgrund der Besetzung des Nahen Osten durch die europäischen Kolonialstaaten im langen 19.Jahrundert und zum anderen an der politischen, wirtschaftlichen und religiösen Dominanz von einzelstaatlichen Interessen der arabischen Staatsnationen im Nahen Osten und deren staatlichen autoritären Unterdruck einer kollektiven pannationalen Identität im Sinne des arabischen Nationalismus nach der Dekolonisierung von den europäischen Staaten.

Abstract (englisch)

The fundamental aim of this paper is to provide a descriptive and analytical account of pan-Islamism and pan-Arabism as a transnational idea of a form of state in the Middle East and its political and social dependence on Arab nationalism in the process of nation-building in the Middle East. In this context, it is shown that the creation of a pan-national state structure in the sense of a transnational form of state always requires the political and socially independent state on the basis of a collective national identity in the sense of nationalism as a result of bringing together the sum of common cultural identities to form a political collective with certain political values and norms as a framework for order. This also results in the scientific realization of this elaboration that the failure of the state-political implementation of the cross-state idea of a form of state in the Middle East in the sense of pan-Islamism and pan-Arabism was due, on the one hand, to the lack of Arab state nations and their sovereignty and, as a result, to the lack of a collective national identity in the sense of Arab nationalism due to the occupation of the Middle East by the European colonial states in the long 19th century and, on the other hand, to the political, economic and religious dominance of national interests of the Arab state nations in the Middle East and their state-authoritarian suppression of a collective pan-national identity in the sense of Arab nationalism. On the other hand, the political, economic and religious dominance of national interests of the Arab state nations in the Middle East and their authoritarian state suppression of a collective pan-national identity in the sense of Arab nationalism after decolonization by the European states.

Abstract (arabisch)

والهدف الأساسي من هذه الورقة هو تقديم سرد وصفي وتحليلي للعروبة والعروبة كفكرة عابرة للقومية لشكل الدولة في الشرق الأوسط واعتمادها السياسي والاجتماعي على القومية العربية في عملية بناء الدولة القومية في الشرق الأوسط. وفي هذا السياق، يتبين أن إنشاء بنية الدولة القومية بمعنى شكل الدولة العابر للقوميات يتطلب دائماً قيام الدولة المستقلة سياسياً واجتماعياً على أساس هوية قومية جماعية بالمعنى القومي كنتيجة لجمع مجموع الهويات الثقافية المشتركة لتشكيل جماعة سياسية ذات قيم ومعايير سياسية معينة كإطار للنظام. وينتج عن هذا الإدراك العلمي لهذا التفصيل أن فشل التطبيق السياسي للدولة ـ الدولة للفكرة العابرة للدول في الشرق الأوسط بمعنى العروبة والإسلام، يعود من جهة إلى عدم وجود دول عربية قومية بما فيها سيادتها من جهة، وإلى عدم وجود هوية قومية جماعية بالمعنى القومي العربي بسبب احتلال الدول الاستعمارية الأوروبية للشرق الأوسط في القرن التاسع عشر الطويل، ومن جهة أخرى إلى عدم وجود هوية سياسية بالمعنى القومي العربي. ومن ناحية أخرى، فإن الهيمنة السياسية والاقتصادية والدينية للمصالح القومية للدول العربية في الشرق الأوسط وقمع الدولة الاستبدادية للهوية القومية الجماعية بالمعنى القومي العربي بعد إنهاء الاستعمار من قبل الدول الأوروبية.

Autor:

Carsten Rasch studierte Rechtswissenschaften, Politikwissenschaften, Wirtschaftswissenschaften und Geschichtswissenschaften mit dem Fokus auf EU, Asien und dem Nahen Osten.

Umschlag-/Titelbild:

Das Umschlag-/Titelbild zeigt eine große selbstgemachte Fahne mit fast allen Fahnen der Länder des Nahen Osten als politisches und gesellschaftliches Zeichen der Einheit der Länder im Nahen Osten während der Protestversammlung auf dem Tahrir-Platz in Kairo, Ägypten, die am 13. Mai 2011 stattfand. Der Arabische Frühling (2010-2013) markierte eine bedeutende Phase, in der das panarabische Einheitsstreben erneut an Bedeutung gewann. Diese transnationale Bewegung knüpfte an die historischen Ideale des Panarabismus an, der seit dem 19. Jahrhundert die kulturelle, politische und wirtschaftliche Einheit der arabischen Welt anstrebte. Während der Proteste wurde dieses Einheitsstreben sowohl durch symbolische Handlungen als auch durch konkrete politische Forderungen sichtbar. Diese Ideale lebten während des Arabischen Frühlings wieder auf, als Demonstranten in verschiedenen Ländern Flaggen arabischer Staaten schwenkten und gemeinsame Lösungen wie „Das Volk will den Sturz des Regimes" verwendeten. Besonders deutlich wurde dies auf Ägyptens Tahrir-Platz, wo Aktivisten nicht nur gegen das eigene Regime protestierten, sondern auch ihre Solidarität mit anderen arabischen Völkern zeigten.